JN071598

谷陰を越えて歩む

聖書の世界に生きた人々【旧約編】

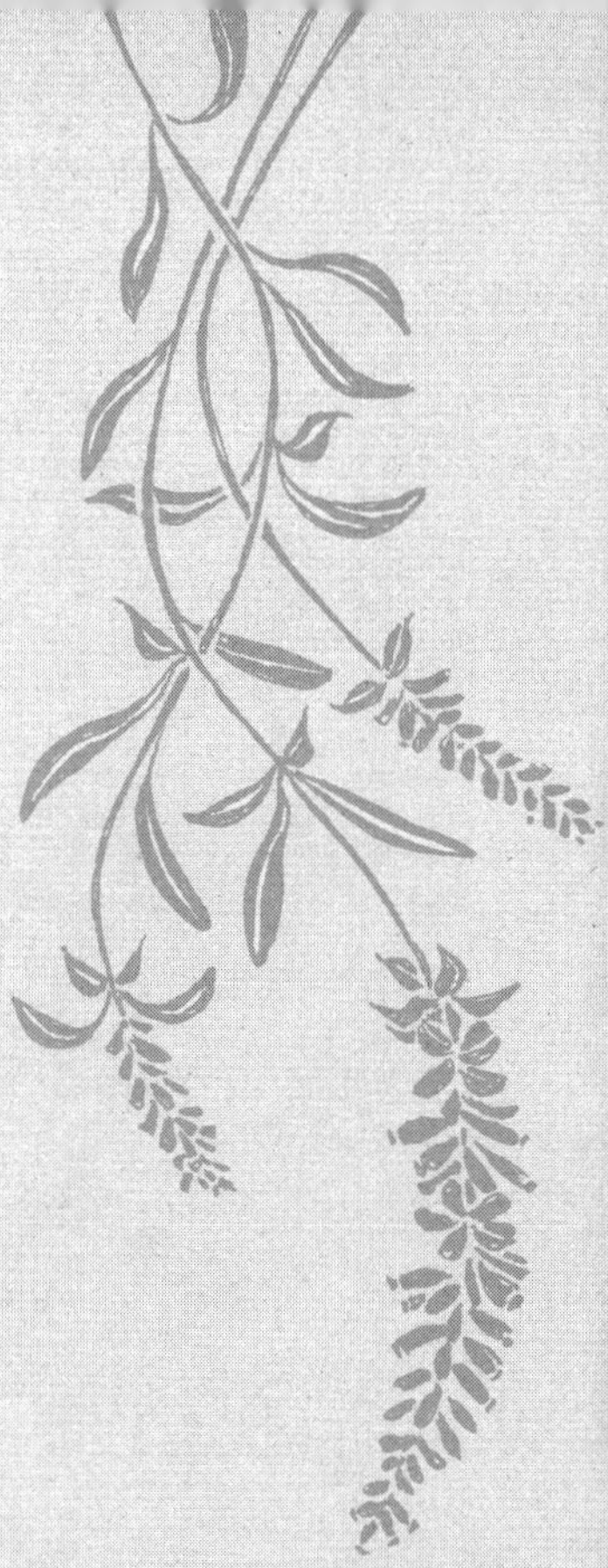

堀　肇［著］
Hori Hajime

いのちのことば社

目次

分かれ道で選択する

挫折から立ち上がり

家族の確執が織りなすもの

人生の締めくくり

悲しみの彼方に

理不尽と不運の中で

自分らしい役割とは

分かれ道で選択する

促されてする決断にも意味がある

エステル

エステル記 一～四章

旧約聖書に出てくる人たちの中には「美しい人」と書かれている人が意外に多く、今回取り上げるエステルなども、言わばミス・ペルシアですから、その美しさはどんなものだったのでしょうか。「姿も顔立ちも美しかった」だけでなく、「彼女を見るすべての者から好意を受けていた」といいますから、人格面から見ても素晴らしい女性であったことがうかがえます。

物語は、ペルシア帝国のクセルクセス王（前五世紀）の妃選びから始まるのですが、「どうしてここにユダヤ人が?」ということについて一言。そのころペルシアには、かつてバビロンがエルサレムを滅ぼし、多くのユダヤ人を強制移住させた「バビロン捕囚」以来、つまりペルシアによりバビロンが滅亡した後も、その地に残留した人たちが多くいたということなのです。

さてユダヤ人であるエステルは、早くに両親を亡くしたのでしょうか。いとこのモルデカイの養女として育てられたのですが、実はこのモルデカイがエステルをコンテストに応募させたのです。彼女はみごと王妃として選ばれるのですが、王の愛顧を受けて権力を欲しいままにしていた家臣のハマンは、モルデカイが自分にひれ伏さないことに怒り、ユダヤ民族の殺害計画を企て、王の許可を取って殺害命令を公布しました。これを知ったモルデカイは、エステルに命令の撤回についてクセルクセス王に直訴してほしいと説得したのです。

といっても、これは王妃とはいえ簡単なことではなく、当時は「召されないのに奥の中庭に入って王のところに行く者は、男でも女でも死刑に処せられるという法令」があったというのです。エステルはそうした法令のある中、モルデカイから王への進言を頼まれたのですが、彼女は「この三十日間、召されていません」と答えています。これに対してモルデカイは「あなたは、すべてのユダヤ人から離れて王宮にいるので助かるだろう、と考えてはいけない。もし、あなたがこのようなときに沈黙を守るなら、別のところから助けと救いがユダヤ人のために起こるだろう」（四章一三、一四節）と迫ると、エステルは決心して「法令に背くことですが、私は王のところへ参ります。私は、死ななければならないのでしたら死にます」と即答し、いのちをかけて王に嘆願しました。物語の結末はハマンの奸計《かんけい》が暴露され、ユダヤ民族は絶滅の危機から救われたのです。

さて、エステル物語の強力なメッセージの一つは、彼女のいのちがけの決断に見られる強い信仰と勇気と言ってよいでしょう。そこがよく語られてもきました。けれども、ここで話の文脈を注意して見ますと、エステルには最初、ためらいの気持ちもあってか、「この三十日間、召されていません」と答えているのです。初めから主体的に「死ななければならないのでしたら死にます」と答えてはいない。モルデカイのことばに促されての決断だったのです。

人生には他の人に刺激され、時には迫られて決定することがあります。当然そうすべきだと分かってはいても、客観情勢がよく把握できていなかったり、精神的な備えがなかったりなど、様々な理由で自分だけでは一歩踏み出せないようなことがあります。そんなとき、他の人の強い促しによって決断することがあるのです。「死ななければならないのでしたら死にます」と言ってユダヤ民族を危機から救ったエステルも、当初はあの特殊な状況において一瞬であったとしても逡巡《しゅんじゅん》とも思えるためらい、問題に即応できないという状態の中に置かれていたのです。それが私たち人間の現実ではないでしょうか。

言い換えると、人は自分が主体的に決定したことだけをするのではないということです。他者から促され追い込まれて決定することも多々あります。それもまた意味深い勇敢な行動であると私は考えたいのです。エステル物語は、ふとそんなことを考えさせてくれます。

逃げ出すことが必要なとき

ロト

創世記 一三、一八、一九章

他の人の言動を見たり聞いたりして、私ならあんなことはしないだろう、その選択はあり得ないなどと、批判的に思うことがあります。しかしそう思えるのは、自分が当事者ではなく、その場に居合わせていないからではないでしょうか。聖書を読んでいて、そんなことを考えさせられる人物のひとりはロトです。

ロトといっても一般には馴染みのない人ですが、聖書を読めば記憶の中にしっかり留まるから不思議です。彼はあの有名な信仰の父と言われるアブラハムと一緒に、カルデヤ（バビロニア）からカナン（パレスチナ）に移住してきました。

カナンに入った後も一緒に行動していましたが、生活に変化が起きたのは、お互いの家畜が増え、共有の牧草地では仕事も難しくなり、両者の牧者の間に争いが起きたときです。これはある意味で自然なこと。仕事が大きくなればトラブルも起こるというものです。この問題を解決するために、アブラハムは別れて暮らすことを提案します。具体案としてロトに取りたい土地を取らせるという、とても思いやりのあるものでした。

こう言われてロトは、どこもよく潤っていたソドムの近くを選択し、やがてその町に住むようになりました。ところが結果的には、これはよくありませんでした。ソドムは邪悪で腐敗した町だったからです。そういうところで神への信仰を持って生きるのは大変なことです。

その後、ソドムは同じく堕落した町ゴモラとともに「硫黄と火」をもって滅ぼされた、と聖書は記していますが、そのとき神は事前に御使いを通して、ロトと家族にその町を脱出するように言われたのです。ところがロトは、すでにこの町である程度成功し富と地位を得ていて、その地から離れ難くためらっていたため、御使いが手をつかんで町の外に連れ出したというのです。そして脱出後は、そのまま「いのちがけで逃げなさい」と言われていたのですが、妻は残してきた古い生活に未練があったのでしょうか、後ろを振り返ったため「塩の柱」になってしまうという悲しい結果になりました。

さて、このロトの物語。よくよく考えてみると、なんと私たち人間の弱い本性を映し出しているることでしょう。私ならあんなことはしない、などとは言えないのです。「お好きなほうをどうぞ」と言われたら、欲を出して良いほうを取るのは子どもだけではありません。大人でもロトのようなところが十分あります。

気をつけたいのは、欲を出すと誘惑に陥りやすく、ソドムのような環境に置かれたときには、そこから抜け出るのがなかなか難しくなることです。幸いロトは、アブラハムの祈りもあり、御使いに手をつかまれてかろうじて救われたのですが、こういう姿を見て、ぶざまだと思いたくありません。私たちの多くは、もしあのとき選択を間違っていたら、あるいはあの出会いがなかったら、どうなったか分からないという人生の物語を生きてきたのではないでしょうか。

他の人の弱さや罪深さを見て「私ならそんな愚かなことは」などと思わないことです。ドイツの神学者ボンヘッファーは、「わたしの罪が、他の者の罪と比べて、なお何かより軽いもの、より非難すべき度合いの少ないもののように思われるなら、それはわたしが、そもそもわたしの罪というものをまだ真実には認識していないのである」（『共に生きる生活』）と言っていますが、これは決して大袈裟な表現ではありません。

ロトの人生は信仰のモデルになるようなものではないかもしれませんが、「不法な行いを見聞きして、日々その正しい心を痛め」（新約聖書・ペテロの手紙第二、二章八節）、危機一髪という状況下で、逃げ出し、救いを得たということから学ぶ者でありたいと思います。人生には逃げ出すことが必要なときがあるのです。

限界状況での決断

モーセの母ヨケベデ

出エジプト記二章一～一〇節

物語を読む場合、どうしても中心人物に興味が傾きやすく、重要な役割を担っていながら脇にいる人物は通り一遍の関心にとどまってしまいやすいものです。モーセの母はそのよい例かもしれません。モーセの誕生を記した物語には、その名前すらなく、後述されている系図などに「アムラムは父の妹ヨケベデを妻に」とか「アムラムの妻の名はヨケベデ」と紹介されているだけです。

しかしヨケベデの物語は短く、その名前も紹介されずとも、内容はしばし立ち止まって考える価値のある人物です。彼女が生きた時代はエジプトの王朝が替わり、新しい王（ファラオ）がヘブル人が増え広がり他国と組んで敵対勢力となることを恐れ、非人間的な強制労働を課したころでした。

圧政はそれだけにとどまらず、「生まれた男の子はみな、ナイル川に投げ込まなければばならない」と、男児殺戮《さつりく》という手段にまで達したのです。権力者の抱える恐怖というものが投影された行動と言ってよいでしょう。

さてヨケベデは、この命令が出された最悪の時代状況の中でモーセを出産。三か月ほどは秘密にできたものの、ついに隠し切れずパピルス製のかごを作って幼子をその中に入れ、「ナイル川の岸の葦の茂みの中に置いた」（三節）のです。ところが、そのときちょうど水浴に来ていたファラオの娘がその子を見つけ、「かわいそうに思い」、助けようとします。そこに、この様子を見ていたモーセの姉ミリアムが現れ、王女に「私が行って、あなた様にヘブル女の乳母を一人呼んで参りましょうか。あなた様に代わって、その子に乳を飲ませるために」と申し出たのです。すると、なんとその乳母とはヨケベデ。こうしてモーセは実母によって育てられることになったのです。これは姉ミリアムの実に機転の利いた行動でした。

さてこの物語。いったい母ヨケベデは、どのようにわが子を育てたのだろうか、とりわけヘブル人として唯一神をどのように教えたのだろうか、などといろいろ興味は尽きないのですが、筆者はそれより、母ヨケベデはどんな気持ちで、あどけない顔をした乳児モーセを「葦の茂みの中に置いた」のだろうか、その心情を考えてしまうのです。身を裂かれるような思いだったに違いありません。

途中で波にさらわれ死ぬかもしれない。あるいは、だれかに発見され殺されるかもしれない。拾われたとしても両親の愛も受けられず、やがて奴隷とされ……などと母でなくともその行く末を考えれば涙の出るような話です。

昔、家が貧しくて子どもを養子に出したというような話をよく聞いたことがありますが、これなど本当にかわいそうな話です。しかしモーセの場合は、もらわれるのでもなく、途中で死ぬかもしれないという親子の別れです。話の結末は実母が育てるという、それは神の配慮による計画としか思えない展開となったのですが、ナイルにかごを降ろしたその時点では全く先は見えず、もう人間には何もできない、神にゆだねることしかできなかったわけです。

私たちの人生にも何もできなくなる、限界状況というものに直面して、できることはかごを「葦の茂み」に置くことだけ、ということがあります。そんなときヨケベデを思い出したい、行く末いかにと思い煩うときナイルの葦の茂みで愛するわが子と別れざるを得なかった母がいたことを思い出したいのです。これは私たちにとって大きな慰めではないでしょうか。

キリスト教信仰では神に「ゆだねる」ということがよく語られます。「あなたの重荷を主にゆだねよ。主があなたを支えてくださる」（詩篇五五篇二二節）とありますが、同種のことばが随所に見られます。ちなみに、この「ゆだねる」ということばには「置く」という意味もあります。「葦の茂みに置く」というのはつらいことかもしれませんが、神を信じるということは、そういうことではないでしょうか。

神に従うか、主君に従うか

シフラとプア

出エジプト記 一章一～二二節

シフラとプア。長い間、聖書を読んでいても、いきなり「この人たちを知ってる?」と言われてすぐ思い出せる人は少ないのではないでしょうか。話を聞けば、「ああ。あの話に出てくる女性たちね」と記憶の糸を手繰り寄せ、その名を確認しながら思い出すような人物かもしれません。

しかし彼らのしたことはイスラエルの歴史に関わるような重大なことであり、名は忘れられてもその事件とも言うべき物語は、一度読めば読者の脳裏に忘れ難い刻印を残すでしょう。彼らはイスラエル民族をエジプトの支配から解放した偉大な指導者モーセの誕生物語との関連の中で登場します。時はそれより三百年ほど前、イスラエル人でありながらエジプトの宰相にまで引き上げられたヨセフが飢饉に見舞われた故郷カナンから一族を呼び寄せました。

モーセが生まれたのは、そのことを知らない新しい王が登場した時代です。

王は人口が増加してきたイスラエルがエジプトの敵と連合し新王朝に敵対するような事態を阻止するため、イスラエル人に苛酷な強制労働を課して民族の弱体化を図りました。しかし残忍な使役にもかかわらず、イスラエル人は増え広がる一方でした。これはエジプトにとって脅威です。王は次なる手段として「ヘブル人」（イスラエル人）の助産婦シフラとプアに、出産の際に男子であれば殺すように命じたのです。このころイスラエル人は二百万人以上にはなっていたことを考えると、彼らはおそらく助産婦の代表者だったと思われます。

さて、その助産婦たちはどうしたかというと、彼らは「神を恐れ、エジプトの王が命じたとおりにはしないで、男の子を生かしておいた」というのです。王が理由を問いただすと、「ヘブル人の女はエジプト人の女とは違います。彼女たちは元気で、助産婦が行く前に産んでしまうのです」と言って、いのちがけで幼子のいのちを守りました。

彼女たちの答えがヘブル人女性全部についてそう言えるかどうかはよく分かりませんが、権力の言いなりにならず幼子のいのちを守ったことは実に勇気ある行動でした。聖書はただ出来事の客観的事実のみを記していますが、彼女たちには大きな葛藤があったのではないでしょうか。専制君主に従うか、神に従うかの二者択一の限界状況下での選択です。これは私たち現代人へのメッセージです。人間の現実には光と闇、善と悪、またその中間が交錯する中で判断を下さなくてはならないことがあります。

そうした中にある私たちに対して、彼女たちの行動は人間を超えた神を恐れることが最善の判断基準であることを教えているのではないでしょうか。短い記事の中に「助産婦たちは神を恐れ」、そしてもう一度「助産婦たちは神を恐れたので」と「恐れ」が連続して出てきますが、それだけに強い印象を残します。この「恐れ」は恐怖というよりも、畏敬の念が込められた恐れと言ってよいでしょう。

加えて考えさせられることは、神が歴史を動かされる場合、それは必ずしも政治力や経済力によらないということです。神は一介の助産婦を用いられ、事態の打開を図られたのです。この後に続くモーセの誕生に際しても、まだ少女であった姉ミリアムの機転で幼子モーセのいのちが救われるのですが、神は一少女を用いて歴史を動かされたのです。

さて不思議というべきでしょうか。この物語は民族の危急存亡に関わる緊張感伴う話ですが、明るく幸せな余韻も残しています。神は「この助産婦たちに良くしてくださった」、また「助産婦たちは神を恐れたので、神は彼女たちの家を栄えさせた」とあります。これらのことばを個々人に当てはめるのは単純ではないにしても、神を恐れ敬う人々に対する大きな慰めではないでしょうか。

「生かされている」ことの気づき

ヒゼキヤ

列王記第二、一八〜二〇章

聖書を読んでいて面白いと思うのは、そこに人間のありのままの現実、人間の物語が記されているだけでなく、それが神との関連で書かれていることです。突然、私たちの実存を触発し、それを揺さぶるようなことばに出合うことがあります。ヒゼキヤ王の物語は私にとって、そうした物語のひとつです。

彼はダビデやソロモンのように一般に知られている人物ではないのですが、イスラエル分裂王国時代の南王国ユダ十三代目の王で、その評価は非常に高く「主（神）の目にかなうことを行った。……彼のあとにも、先にもユダの王たちの中で、彼ほどのものはだれもいなかった」と絶賛されているほどです。

確かに彼はそう言われるほどの王で、父アハズ王の時代に蔓延していた偶像崇拝を廃止し、長い間行われていなかった「過越の祭り」（伝統的な宗教行事）を復活させるなど、いわば宗教改革を断行したのです。しかし国家としては安定しておらず、そのころ強力な帝国主義国家としてその勢力を拡大し、北王国イスラエルを滅ぼした後、圧力をかけてきたアッシリアに苦戦しています。エジプトなどと同盟を結び対抗措置をとったものの、事は簡単にいきません。

ついにヒゼキヤ即位十四年目にアッシリア（センナケリブ）はユダに侵攻。彼はこれを恐れ貢物を納めて対決を避けようとしたのですが、思ったようにはいかず、エルサレムは包囲されることになりました。しかし、彼が預言者イザヤに助けを求め、神に祈って対処した結果、事態は一転し、センナケリブの軍隊は「主の使い」に打たれ（疫病か）、退散を余儀なくされたのです。

ヒゼキヤ王をめぐっては、考えてみたい話がいくつもありますが、私がとりわけ興味を抱いたのは、彼がそのころ「病気になって死にかかっていた」という、一読すればだれの記憶にも刻印を残すような話です。なんと病気の王のところに預言者イザヤがやって来て「あなたの家を整理せよ。あなたは死ぬ。治らない」と告知したというのです。こう言われて衝撃を受けない人はいません。彼は大声で泣いて祈ったといいます。すると神はイザヤを通して、「わたしはあなたの祈りを聞いた。あなたの涙も見た。見よ、わたしはあなたを癒やす」と言われ、彼の寿命はもう十五年延ばされることになったのです。

話が珍しいだけに、はっとさせられる物語です。それは生命というものをよほどのことがないと、人間サイドのみで考えやすい日常感覚に対する警告のようなものです。人が生命を延ばしたり縮めたりすることができるとは思っていないにしても、自然科学的な生命観に思考が馴らされている現代の私たちは、生命をこちら側のみで考えやすいのです。単純な言い方かもしれませんが、自分の力で「生きている」という意識が強すぎて、「生かされている」という感覚が希薄になってしまうのが現代人の生命感覚ではないでしょうか。

そうした中で生きている私たちに対して、「あなたの寿命にもう十五年を加える」ということばには、生存の主体についての感覚に主客転換を迫るものがあります。これは人生そのものの見方をひっくり返すようなことばです。

イエス・キリストも、いのちのことで心配している人々に対して「あなたがたのうちだれが、心配したからといって、少しでも自分のいのちを延ばすことができるでしょうか」と言われましたが、これなどはまさに、人間中心の見方の転換を迫ることばです。

この物語は、生命は自分で支配できないという分かりきったことを、人間の視点からでなく神の視点から意識させ、生命というものにもっと謙虚でなくてはならないということを伝えているのではないでしょうか。人は神によって「生かされている存在」、同時に「死への存在」でもあるという感覚を、もっと大切にして生きていきたいと思うのです。

「あなたの神」が「私の神」になるとき

ルツ

ルツ記一〜四章

聖書のことばの中には、語られた一言、記された一語が、なぜか記憶の部屋にしっかり留まっているものがあります。それは人により異なりますが、私には「アブラムは、主が告げられたとおりに出て行った」とか、「私は、死ななければならないのでしたら死にます」と語ったエステルのことばなどがその種のものです。

そうした中でも、ルツ記の主人公ルツが姑に語った「お母様が行かれるところに私も行き、住まれるところに私も住みます。あなたの民は私の民、あなたの神は私の神です。あなたが死なれるところで私も死に、そこに葬られます」（一章一六、一七節）などは、忘れることのできない圧倒的なことばです。「ルツ」と聞くと、すぐそれを思い出すから不思議です。

物語はイスラエルが王政に移行する前の「士師時代」の初めごろのこと。ユダのベツレヘムに住むエリメレクが飢饉に見舞われ、妻ナオミと二人の息子と一緒に異国のモアブに移り住むところから始まりますが、なんと悲しいことでしょうか。間もなく夫は亡くなり、二人の息子もそれぞれ妻を迎えますが、二人とも死んでしまいます。これらの悲劇が移住後十年ほどの間に次々と起こったのです。

息子たちの妻の名はルツとオルパといいますが、その後ナオミは飢饉が去ったとの知らせを聞いてベツレヘムに帰る決心をし、二人には「母の家」に戻って再婚するように勧めます。彼女たちは泣いてこれを拒みますが、ナオミは「帰りなさい」、「行きなさい」と繰り返し説得します。オルパはこれを受け入れますがルツは固く拒んだのです。その時に語ったのが、「お母様が行かれるところに私も行き……」ということばです。

ここを読んで驚かぬ人はいないと思います。普通はだれでも将来の幸せを考え再婚の道を選ぶでしょう。ところがルツは、ひとり悲しみを抱いて故郷に帰る姑について行くというなんともけなげな選択をするのです。「あなたが死なれるところで私も死に、そこに葬られます」は圧巻です。夫婦でも親子でもない、自分が選んでできた家族関係でもない相手です。涙が出るような話です。核家族が一般化し、家族関係が希薄になっている現代人にとっては信じられないような世界かもしれません。

いったい何がルツにこう言わせたのでしょうか。興味深い問いです。彼女は生来優しい性格特性を持っていたのでしょうか。あるいはナオミの嫁たちに対する温かい態度の中にそう言わせるものがあったのでしょうか。その理由はよく分かりませんが、私の心に引っ掛かっていることばは「あなたの神は私の神です」という信仰に関わる一言です。ルツは、いつ「私の神」と呼べる方を信じるようになったのか分かりませんが、おそらく夫も息子も亡くすというつらい出来事の中にも神を信じて生きていくナオミの中に神を見たのではないでしょうか。そしていつしか「あなたの神」は「私の神」となっていった。そう思えてならないのです。またナオミとベツレヘムへ一緒に行くという選択は、その「私の神」とともに生きる決定でもあったということではないでしょうか。

ここで改めて考えさせられることは、このような選択とか決定の持つ大きさです。ルツもオルパも同じ境遇の中で、ナオミから「帰りなさい」と同じことばを聞いているわけです。しかし選んだ行動により人生は異なりました。この後、ルツはベツレヘムに行き、そこではからずも亡き夫の親族のボアズと出会い、結果として恵まれた結婚をすることになりますが、これは世間でいう単なる幸福物語ではなく、受け入れ難い喪失や悲嘆にもかかわらず「私の神」に従っていった信仰の物語であることを心に留めておきたいと思うのです。

分からないことはそのままに

ラハブ

ヨシュア記二章一～二四節

自分自身を振り返っても分かるのですが、信仰を持つということは、心の奥深くでの経験ですから、そこに至るプロセスや信仰の内実などはことばで表現し切れないものもあり、必ずしも明確に表現できるわけではありません。

ところが、人のことになると、どうやって信じたのだろう、この人はどういう背景の持ち主なのだろうか、などと主観も甚だしく論評しやすいものです。旧約聖書のヨシュア記に登場するラハブなどは、そういう扱われ方をされる一人かもしれません。

彼女はエリコの町の「遊女」、つまり人生の裏道を歩んだ人でしたが、新約聖書を見ると、その彼女が特筆されていることに驚きを感じるのです。「昔の人たちは、この信仰によって称賛されました」（ヘブル人への手紙一一章二節）と名だたる信仰偉人の一人に挙げられ、しかもその信仰は「行いによって義と認められた」（ヤコブの手紙二章二五節）とあり、さらにその名はイエス・キリストの系図の中にも登場してきます。いずれも非常に重要な文脈の中に記されているのですが、彼女の背景などはあまりよく分からないのです。

ラハブが登場するのは、モーセの後継者ヨシュアがイエラエル人を率い、いよいよ目的地に入ろうとしたときでした。ヨシュアは二人の斥候をエリコの町に遣わすのですが、ラハブは彼らをかくまい、任務を果たし無事に帰還できるよう助けるのです。彼女はこのとき、斥候たちに、イエラエル軍がこの町に侵入したとき、自分たち家族を助けてほしいと頼むのです。彼らはそれを約束し、ラハブの家であることが分かるように窓に赤い紐《ひも》を結びつけておくように指示しました。そしてヨシュアは、斥候たちの約束したとおり彼らを救い出したのです。

ところで、この物語はラハブがエリコの王に味方せず、異国の二人の斥候とイスラエルの人々を助けたということなのですが、読者のだれもが思うことは、彼女がどのようにして信仰を持つに至ったのだろうかということです。偶像礼拝が行われていたエリコで、いつ、どこで、どのようにして真の神を信じたのか、その経過はよく分からないのです。

新約聖書にあれほど重要な人物として出てくるのだから、だれもが知りたいと思うところです。不道徳な生活をしていた女がどのように悔い改めたのかなど、いわば小説的な興味をあれこれと持つ人も多いのではないでしょうか。

ところが、記されていることと言えば、エリコに来た斥候たちに「主がこの地をあなたがたに与えておられる」とか、「あなたがたがエジプトから出て来られたとき、主があなたがたの前で、葦《あし》の海の水を涸《か》らされた」（紅海横断）などと語っているだけです。さらに、「あなたがたの神、主は、上は天において、下は地において、神であられる」と信じた結果や状態しか記されていません。そこを読むとだれもが、もう少し事の詳細を知りたいと思うのではないでしょうか。

しかし、静まってよくよく考えてみますと、そんなことよりも彼女が「主」と言って信仰にふさわしい行動をしていること、それが大切なのであって、そこに関心を寄せるべきではないか、と今さらのごとく気づかされるのです。彼女がどういう素性の人間で、どんなふうに信仰心が生じたのか、そのプロセスなどは語られていないなら知らなくてよいということです。大切なことは信じたこと・信じているという事実、闇から光の生活へ転じたことなのです。

これは隣人を見る場合でも同じであって、その人が今生きていることの価値や重みを大切にしたいのです。その人の過去はどうだったのか、生育歴・家族歴はどうなのかなどは、何か特別な目的がない限り詮索しなくていいということ。そんなことを信仰問題と併せて考えさせてくれるのが、ラハブの物語です。

挫折から立ち上がり

「中断」を余儀なくされたとき

ゼルバベル

エズラ記 一～六章

「知る人ぞ知る」ということばがありますが、聖書の人物についてもそう言えるかもしれません。ゼルバベルという人です。アブラハムやモーセのようにメジャーではありません。聖書を読んでいる人でも、聞いてみると「そう言えばそんな人も」と、また知っている人でも「何をしたか」という話になると、エズラやネヘミヤのような人たちと混同してしまうことが多いようです。

そのゼルバベル。イスラエル（南王国ユダ）がバビロン帝国に滅ぼされ、多くの人がバビロンに移された、いわゆる「捕囚時代」が新興ペルシア帝国によって終わり、時の王キュロスの勅令によるエルサレム帰還（前五三八年）という大事業を指導したユダヤ人総督です。記録によれば、このとき奴隷を含め五万人ほどが帰還しています。

彼は単なる行政官ではなく、神への礼拝を重んじ、帰還の翌年、祭司ヨシュアたちとともにバビロンによって破壊された神殿再建に着手しました。ところが、この建設に邪魔が入ったのです。その地方の民（サマリヤ人）がユダの民の気力を失わせ、脅しにかかります。

彼らは王の側近の顧問を買収したりして建設計画を阻止しようとしたのです。このため工事は中止となり、その期間はなんと十六年にも及びました。しかし神は預言者ハガイとゼカリヤを遣わして民を励まし、建設工事は再開されます。これにも再び邪魔が入りますが、神殿再建の命令がキュロス王から出ていたことがダレイオス王の調査によって確認され、長い中断は終わり、四年後に神殿建設は完成したのです（前五一五年）。

さて、この物語。神の計画といえど単純に進まない現実を乗り越えていく人々の姿にはだれもが励まされます。しかしこのゼルバベルの直面した試練には、その立場に身を置いて考えてみると耐え難いものがあります。いったい彼は、この十数年にも及ぶ職務の「中断」をどう受け止めていったのだろうか、ここは想像力を膨らまして考えたいところです。

私たちだったらどんな気持ちになるでしょうか。人生には病気や事故で休職をしなくてはならないこともありますが、自分の側は仕事が続行できる時間もエネルギーもあるのに、長い「中断」を余儀なくされた場合、それをどう受け止めたらよいのでしょうか。私たちはちょっとした中断でも、これからどうなっていくのだろうと思案にくれてしまいます。中にはこんな活動停止状態は耐えられない、力があれば強行突破したい、と考える人もいるかもしれません。しかしこの物語を見ると、ゼルバベルたちはそうしませんでした。というより、そうできませんでした。その間どのように耐えたのか、その心の内は記されていません。しかし時至って時代は動きました。預言者が遣わされ、ダレイオス王の登場によって中断は終わりを告げたのです。

私たちの人生にも、ゼルバベルほどでないにせよ、大なり小なり「中断」というものがあります。考えていた計画が狂い、時には彼らのように悪意のある力に苦しめられることもあるかもしれません。しかし忍耐して時を待つならば、いつしか取り巻く客観情勢も変わり、中断が終わるというのも人生の事実です。

カール・ヒルティは「あなたが神の導きに身をゆだねるならば、いろいろな計画を立てることをさし控えるがよい。あなたを前進させるすべてのものが、極めて明白な要求、機会という形を取ってつぎつぎに、しかも正しい順序で、訪れてくる」(『眠られぬ夜のために』)と述べていますが、「中断」を考えるとき、私はなぜかこのことばを思い出してしまいます。ゼルバベルの人間性についてはよく分かりませんが、長く重い中断に耐え、神の時を待って生きた人であったことは確かです。

過ちによってさえ実現する

アロン

出エジプト記 四、五、三二章ほか

読書のもたらす恵みでしょうか。聖書を読んでいてそこに光を当ててくれる本を思い出すことがあります。しばらく前、あの偉大なイスラエルの指導者モーセの兄アロンに関する記事を読んでいたとき、ポール・トゥルニエが『人生の四季』の中で語っていることばを思い出しました。

「人は手さぐりで前進していくのです。その間、ほのかな光と闇とがいつも互いに交錯しています。……神の計画は神からの霊感を受けた人間が、神のことばに従ってあげた成果によって実現するばかりではなく、人間の過ちによっても、罪によってさえも実現するのです」という部分です。

なぜか「人間の過ちによっても、罪によってさえも」がアロンの人生と重なったのです。アロンはモーセがイスラエル人の指導者として神に召し出されたとき、「私は口が重く、舌が重い」と固辞するモーセの代弁者の役割を担い、常にモーセと行動をともにし、その働きを助けました。エジプト脱出に際しては、ファラオ（王）を恐れず神のことばを告げています。また脱出後、レフィディムにおいてアマレク人と戦ったとき、フルとともにモーセを補佐し、その「手を支えた」という話などには深く心を打たれます。

ところが、彼の歩みはそれこそ「光と闇」が互いに交錯しており、シナイ山で「十戒」を授与されたときには大失敗を演じています。モーセが下山するのを待ち切れない民が金の子牛を作って偶像礼拝をするのを許してしまいます。これは当然、神の怒りを招くことになりました。

またエジプトを出た民がハツェロテに留まったときには、姉ミリアムと一緒になってモーセの結婚問題を批判します。しかしこれは一種の口実。本心はモーセの主導権や地位に対する嫉妬であり、自分たちはもっと高く評価されてよいという非難でした。神はこれを怒り、その罰としてミリアムをツァラアト（重い皮膚病）で打たれました。

しかしこのとき、アロンは即刻「私たちが愚かにも陥ってしまった罪」と言って悔い改め、姉ミリアムが癒やされるよう祈ったのです。このようにアロンの人生は光と闇が入り混じったものでした。また彼は、息子のうち二人が神に背いたためいのちを断たれるという悲劇を味わわねばなりませんでした。しかしその彼も与えられた務めを終え、ホル山で最期を迎え天に帰って行きました。そのときイスラエルの民はアロンの死を悲しみ、三十日間喪に服したというのです。

アロンは単なるモーセの補助者ではなく、スポークスマン的存在として選ばれ、大祭司の祖ともなっていった人物ですが、その生涯を振り返ると単純でないどころか波瀾万丈の人生でした。これはモーセについても言えることですが、アロンの場合はなぜか身近に感じられるから不思議です。

それは失敗や罪の種類というよりも、その陥り方が日常卑近だということです。アロンは民の声に負けてしまって偶像礼拝を許し、またミリアムの力に引っ張られてモーセを非難し、いずれも神の怒りを招くことになりました。弱さと言ってしまえばそれまでですが、これは人ごとではないのです。つい数の多さに圧倒され大衆に迎合したり、力の強さに負けて不本意な行動をしてしまうことがあるのが私たちです。

しかし失敗したならば、「わが主よ。私たちが愚かにも陥ってしまった罪……」と悔い改めたアロンのようでありたいと思うのです。アロンは信仰のモデルのようには映らないかもしれません。しかし弱さを抱えながらも、大祭司として神に必要とされた人でした。確かにトゥルニエが言うように、神の計画は「人間の過ちによっても、罪によってさえも実現する」というのは信仰の旅路における事実なのです。

失楽園を「私の物語」として読む

アダムとエバ

創世記 一〜三章

「アダムとエバ」と聞けば、物語の子細はともかく、その名を知らない人はいないのではないでしょうか。聖書やその関連書を読んだ人なら、たちまち人類の祖先・エデンの園・原罪・失楽園などなど、様々なことばが連鎖して浮かんでくることでしょう。西洋絵画などに登場する、いちじくの葉で腰を覆ったアダムとエバの姿を思い出す人も少なくないと思います。

しかしどうなのでしょう。読む人にもよりますが、物語として文学的な興味があっても、なぜか遠い昔の男女の物語という印象が強く現実感がないという人、あるいは、せっかく原罪について考えながら、罪の起源を説明する教義や神学の対象にしてしまい、現在の「私の物語」として考える機会を逸してしまっている人たちもいるのではないでしょうか。

さて、そのアダムとエバ。彼らは神が天地創造に際して造られた最初の人間ですが、幸福を保証されたエデンの園で、人類の運命を決定する罪を犯してしまいました。それは「善悪の知識の木からは、食べてはならない」と言われていた、いわゆる「禁断の木の実」を食べてしまいます。彼らは、この神への不従順の罪の結果、楽園を追放され、土地は呪われ、男は苦しんで生活の糧を得、女は産みの苦しみを負い、加えて人はみな死を運命づけられたのです。

物語の顚末《てんまつ》を少し丁寧に見ていくと、これは遠い昔の物語ではない出来事であることが分かります。悪魔が蛇を通して語りかけた「園の木のどれからも食べてはならないと、神は本当に言われたのですか……決して死にません」ということばは、人間が罪の誘惑に引き込まれていく様相がよく表されています。「本当に」という真理に対する疑念です。

悪魔はさらに、「それを食べるそのとき、目が開かれて、あなたがたが神のようになって善悪を知る者となる」とたたみかけます。悪は、何か良いことが起こるかのように善を装って人の心に侵入してくるものです。木の実は「食べるのに良さそうで、目に慕わしく」見えたというのですが、これが悪の魅力というものであり、私たち人間が罪に陥るときのプロセスであり構造なのです。

最初は妻のエバが木の実を取って食べ、それを夫のアダムにも与え、遂に二人は掟を破ってしまいました。こうして人類に罪が入った。これが原罪といわれるものです。物語はこの後、罪の連鎖という事態へと発展します。そよ風の吹くころ、園に身を隠していた彼らに神が「あなたはどこにいるのか」、木の実を「食べたのか」と問いかけますと、アダムは「この女」が木から取ってくれたからと妻のせいにします。するとエバは、蛇が惑わしたから食べたと責任を転嫁します。これを「人類最初の夫婦喧嘩」だと言った人がいますが、夫婦に限らず罪に支配された人間関係には責任のなすり合いが見られるのです。

このように悪魔の誘惑に負け掟を破った二人は、楽園を追放され、苦しんで生を営むだけでなく、そのいのちは永遠ではなく死へと向かう存在となってしまったのですが、これが人間存在の現実です。失楽園とは太古の昔の物語ではなく、神を離れた人間の物語そのものなのです。

しかし、このアダムとエバの物語をめぐって、どうしても言及しなくてはならないことがあります。それは、神はこの人間の罪を救うために救済の計画を立てられ、イエス・キリストによってそれを実現されたということです。「御子（イエス・キリスト）を信じる者が、一人として滅びることなく、永遠のいのちを持つ」という約束です。パウロはこれを「アダムにあってすべての人が死んでいるように、キリストにあってすべての人が生かされる」（新約聖書・コリント人への手紙第一、一五章二二節）と語っていますが、聖書は、古きアダムの生活からの解放の約束を全巻を通して告げているのです。これが福音（良き知らせ）です。

光と闇の連鎖の中で出直す

ヨシャファテ

歴代誌第二、一七～二〇章

私たちは勧善懲悪の物語に慣れ親しんできたためでしょうか。人間を見る場合、どうも善い人悪い人に分けてしまうところがあります。しかし現実はそれほど単純ではなく、人はみな弱さを抱えながら光と闇が交錯する中を歩んでいます。信仰を持っていても上がったり下がったりという現実があります。聖書の人物でも同じであって、素晴らしいと評価される人の中にも信仰と不信仰が背反している姿を見ます。善き王として知られているユダ王国のヨシャファテ（前九世紀）なども、そうした人物の一人と言ってよいでしょう。

彼は物語冒頭から王国繁栄の紹介とともに、神との関係について「その命令にしたがって歩み」（一七章四節）とか「彼の心は主の道を大いに誇りとし」（同六節）などと記され、何か華々しい感じがします。三十五歳で即位しますが、その治世の三年目には、町々に高官たちを派遣して律法を教えさせたといいます。その結果、主の恐れがユダの周辺諸国にも及び、ヨシャファテに戦いをしかける者がないばかりか、ペリシテ人やアラビア人が貢物を持ってやって来るようになったというのです。聖書は、彼の力は「並みはずれて強大になり、ユダに城塞や倉庫の町々を築いた」と記しています。

こうしてヨシャファテは富と誉れが豊かに与えられたのですが、なんと悪名高きイスラエルの王アハブと縁を結びました。自分の息子ヨラムとアハブの娘を結婚させたのです。これは一見、両国の友好関係のように見えますが、アハブの敵国との戦いに協力しなければならなくなってしまいました。この戦争は預言者ミカヤの反対にもかかわらず強行され、アハブは戦死。ヨシャファテもなんとか逃げ帰ることはできたものの悲惨な戦いでした。彼がエルサレムに戻ると、先見者（預言者）エフーが待っていて「悪者を助け、主を憎む者を愛するというのですか」と叱責を受けることになりました。富や権力が増すと判断が狂うのでしょうか。主の命令に従って歩んでいた王も和平の手段を間違えてしまったのです。

しかしヨシャファテの物語はここで終わりませんでした。もう一度出直したのです。彼は民の中に出て行き、人々を「主に立ち返らせ」、城壁のある町々にさばき人を任命するなど、いわば宗教改革、司法改革のような事業に着手しました。また後にモアブ人とアモン人などが合流してユダに進攻してきたときには、熱心に主に助けを求めたのです。なんと賛美の声をあげて敵軍に立ち向かうと、敵は同士討ちを始め互いに滅ぼし合ったというのです。

では、この後はすべて問題がなかったのかというとそうはいかず、ヨシャファテは悪事を行ったイスラエルの王アハズヤ（アハブの子）と同盟を結び、預言者エリエゼルから叱責を受けることになるなど、実に上がったり下がったりでした。しかしヨシャファテの治世は影の部分を含みながらも「主の目にかなうことを行った」と記されているように、全体として平穏であったといえます。

人生を振り返ってみると、国家を背負うヨシャファテのような立場でなくても、正しい判断ができるときばかりでなく、性格の弱さや情勢の成り行きに負けてしまうようなときもあります。これはどんな人の生涯にも見られるものであり、光と闇の連鎖と言ってよいかもしれません。ではその拮抗状態を延々と生きねばならないのかというと、決してそうではありません。失敗しても弱さが露呈しても、それを乗り越えるためにヨシャファテのように警告を受けたら「もう一度」、と立ち上がるかどうかにかかっています。ただここでヨシャファテから学ぶべきことは、その立ち上がりを自力という無力な自分に頼らないで、彼が祈ったように、「どうすればよいのか分かりません。ただ、あなたに目を注ぐのみです」（二〇章一二節）という謙虚な姿勢で立ち上がることではないでしょうか。

「死んだ犬のような私」の価値

メフィボシェテ

サムエル記第二、四章四節
九章一～一三節、一九章二四～三〇節

一般に人の関心というものは、大きな出来事や目立つ人たちに向けられ、この世界を賑わせます。これは聖書の物語やそこに登場する人物についても同じことが言えます。ところが、ふとしたことが契機で記憶の扉が開き、忘れられているような物語が意識に上ってくることがあります。私にとって、そんな人物の一人がメフィボシェテ。この人を思い起こすと、なぜか汚れた心が洗われるような感じになるから不思議です。

彼はイスラエルの初代の王、サウルの息子ヨナタンの子ですが、五歳のとき、ペリシテ人と戦った祖父と父が戦死しました。そのとき、不幸なことに乳母が彼を抱いて逃げ出す際に落としてしまい、生涯歩けなくなりました。その後、サウルに代わって王となったのはダビデですが、彼はその業績と人気に嫉妬したサウルに始終いのちを狙われていましたから、王となればサウル家は粛清されても不思議ではありません。

しかしダビデは、王子ヨナタンとの深い友情関係ゆえに、彼とその家族を守るという約束をしていました。そこで彼はサウル家の生き残りの消息をサウルのしもべであったツィバを召し出して確かめさせた結果、メフィボシェテがロ・デバルという所に隠れていることが分かりました。彼は直ちに王宮に呼び寄せ、こう言ったというのです。「私は、あなたの父ヨナタンのゆえに、あなたに恵みを施そう」と。かつて結んだ約束の実行です。その内容はサウルの財産を返し、王の食卓でいつでも食事をしてよいという破格の待遇でした。

この一方的な好意に対して、メフィボシェテは「いったい、このしもべは何なのでしょうか。あなた様が、この死んだ犬のような私を顧みてくださるとは」と驚くべき謙遜な態度を示したのです。これはへつらいではなく彼の本心でした。それを証明するような出来事が起こりました。それはメフィボシェテが宮廷に戻ることになった際に召使いとなったツィバが、メフィボシェテは王位を狙っていると讒言《ざんげん》したため、ダビデはメフィボシェテの財産を取り上げツィバに与えてしまいました。いかにも戦国の世です。しかし後に、無実であることが分かったとき、ダビデは財産をツィバと分けるようにと言うと、彼は自分はいらないから「彼が全部取ってもかまいません」と言ったというのです。

さてこの物語。戦いの人ダビデの生涯におけるオアシスのような場面です。亡き友と誓った約束を誠実に実行し、不遇な友の子とその家族を助ける美しい話です。それにしても驚いてしまうのは、謙遜で無欲なメフィボシェテの人生態度です。自分を「死んだ犬のような私」と言い、財産はツィバが「全部取ってもかまわない」というようなことばはどこから出てくるのでしょうか。王子でありながら、ダビデこそが王位継承にふさわしいと考え、それを譲ろうとした父ヨナタンのような性格特性を受け継いでいたのでしょうか。あるいは幼き日に祖父と父を一度に失うという喪失体験をし、不慮の事故で一生歩けなくなってしまった人生の悲しみが、長い年月を経て彼の心に深い人生哲学をもたらしたのでしょうか。

この物語を思い巡らし、ふと気づかされたことは、メフィボシェテの存在がもたらす世界の価値です。そこには争いや戦いがありません。平和な世界です。もし私たちの家族やコミュニティの中に「メフィボシェテ」が存在するなら、汚れが洗われるような変化が起きるのではないでしょうか。彼のように謙虚で無欲な人の存在が与える影響は大きい。とりわけ競争や比較の中で一喜一憂している私たちに対して、メフィボシェテなる者の存在は価値観や物の考え方を振り返らせてくれるのではないでしょうか。

強さに覆われた弱さを抱えて

エリヤ

列王記第一、一九章一～一二節

私たちは時として自分のことは自分が一番よく知っていると思うことがありますが、そうは言い切れません。では他人ならば分かるのかと言えば、これまた人の心は単純にはいきません。「この人にこんな面があったんだ」、「あんな事で悩んでいるとは知らなかった」と思うことがあります。

どうしてもことばや行動を通して大きく外に表れている印象が脳内に残ります。これは聖書の人物についても同じであって、大きな出来事や事件をめぐる物語などの印象が強く、そうでない部分は隠れやすいものです。その代表的な人物の一人は預言者エリヤ（前九世紀）かもしれません。

彼は「炎の預言者」などと形容されることがありますが、それを強く印象づけている物語の一つは偶像神バアルの預言者との戦いでした。彼はイスラエル王国分裂後の北王国の預言者ですが、そのころ王国は政治的安定を失っており、宗教的にもいかがわしい祭儀を伴うバアル礼拝が取り入れられるなど、非常に堕落していました。エリヤは過去最悪の七代目の王アハブの時代に登場しますが、強烈な印象を残したのが、アハブ率いるバアルの四百五十人の預言者との対決でした。これは祭壇に雄牛を置いて、それぞれの神の名を呼ばせ、火をもって答える神を本当の神とするというものでした。エリヤはこの戦いに大勝利します。神は彼の祈りに答え、火は彼の祭壇を焼き尽くしたのです。

注目したいのはこの後です。敗北のニュースを知った王妃イゼベルは激怒し、エリヤを殺すと伝えてきたのです。これを聞いて、なんとあのエリヤが恐れて荒野に逃げ、エニシダの木の陰で死を願い、「主よ、もう十分です。私のいのちを取ってください。私は父祖たちにまさっていませんから」と弱さを露呈するのです。

エリヤの心に生じたこの「希死念慮」ともいうべきものの原因は何でしょうか。戦いの疲労が極度に達して燃え尽きたのでしょうか。イゼベルの迫力に怖じけづき自信を失ったのでしょうか。いずれにせよこの消沈した心理状態は、それまでのエリヤの力強い言動からは想像できないほどのうつ状態です。彼はバアルの預言者との戦い以前にも、アハブ王に「私のことばによるのでなければ、ここ数年の間、露も降りず、雨も降らない」と挑戦的、対決的に語っているのですが、そのときのエリヤの勢いからも「私のいのちを取ってください」は、とても想像できません。

ここで考えてみたいことは、エリヤほどの落ち込みは稀なことであるにせよ、人間には外側の印象からは判断できない、それも強さや明るさなどが前面に出ている状態からは想像できないような心の領域があることを知っておきたいということです。それが人間であり、条件さえ揃《そろ》えばエリヤのようにもなり得るのです。ですから外側から「この人はこういう人だ」とか、「強い人だ」「弱い人だ」などと単純に言えません。

スイスの精神医学者ポール・トゥルニエは「人間には〝強い人〟と〝弱い人〟という二種の人間がある」という考えは幻影であって「すべての人間は弱い」と言っていますが、その通りだと思います。こう考えると、「どうしてあのエリヤが」と考えなくてもよいのではないでしょうか。人は強さに覆われた弱さを抱えて生きているのです。

この物語、この後に感動します。神は絶望してエニシダの木の下に横たわるエリヤに「起きて食べなさい。旅の道のりはまだ長いのだから」と励まします。すると彼は起きて食べ、飲み、神の山ホレブに向かって旅立ちますが、私たちが絶望的になったときにも、「起きて食べなさい。旅の道のりはまだ長いのだから」と言って励ましてくださる、それが聖書の語る神なのです。「エニシダの木の陰」に伏すことがあっても、立って旅を続けることはできるのです。

無力さへの絶望こそ出発点

イザヤ

イザヤ書 六章一～八節

聖書に登場する人物について、第一印象というものがあり、そのイメージが固定して、それから抜け出られないことがあります。私にとってイザヤという人物がそのひとりでした。彼は旧約聖書中最も偉大な預言者のひとりですが、「イザヤ書」冒頭に罪とそのさばきが語られているせいでしょうか、厳しいという印象が強く残ります。全体をきちんと読めば、イザヤ書はイエス・キリストの到来を預言しており、良きおとずれ、すなわち「福音」が記されているのです。これを知れば預言者像も変わってくるのではないでしょうか。

ここで取り上げたいことは、そのイザヤの語ったことばや業績ではなく、彼がどのような人であったかということです。父はアモツといい、伝承によれば、イスラエル王国分裂後の南王国のアマツヤ王の兄弟であったといわれ、それが本当であれば、ウジヤ王の従兄弟になり、王たちに対等に関わることのできる立場にあったということです。それを裏付けるような物語が「歴代誌第二」や「列王記第二」に記されていますが、それを読むとイザヤは預言者であり、また政治的指導者でもあった偉大な人物ということができます。とりわけエルサレムを恐るべきアッシリア帝国から救ったことは、イザヤの生涯における偉業です。その活動期間は五十年にも及び、妻も預言者だったといいますからイザヤには圧倒されるものがあります。

注目したいのは、そのイザヤが預言者として召し出されたときのことです。彼は王国分裂後の南王国のウジヤ王が亡くなった年（前七四〇年ごろ）に、「聖なる、聖なる、聖なる、万軍の主。その栄光は全地に満ちる」（三節）という声を天から聞いたのですが、このとき、彼は「ああ、私は、滅んでしまう（別訳＝もうだめだ）。この私は唇の汚れた者……」と語っていますが、これは恐れと戸惑いのうちに自分の汚れや限界を告白したものです。あの偉大な預言者イザヤの出発はここからでした。「汚れた者」。とても預言者などにはふさわしくないという告白です。これが大預言者イザヤの真実な姿なのです。

私たちは聖書に登場する偉大な指導者や信仰者は、なぜか大胆で力強く、情けないことばは漏らさないような印象を持っています。しかし、どれほど偉大な人物であっても、みな人間的な弱さを持っており、時には立派に仕事をやっているのに、信じられないような恐れや不安を抱いています。預言者で言えば知名度においてイザヤと並ぶ預言者エリヤなども、大事業を成し遂げた後に、自分のいのちを狙う者を恐れ、自分の死を願って「主よ。もう十分です。私のいのちを取ってください」（列王記第一、一九章四節）と語っているほどです。

またイスラエル民族をエジプトから脱出させた偉大な指導者モーセも、その任務に召し出されたとき、「私は、いったい何者なのでしょう。ファラオのもとに行き、イスラエルの子らをエジプトから連れ出さなければならないとは」（出エジプト記三章一一節）と言って拒んでいます。また「口が重く、舌が重い」から指導者になれないと引いているのです。

このように神に用いられた人たちは、自分の罪深さ、限界、無力さというものをよく知っていて、それを包み隠さず語っています。預言者の双璧と言われるような人物がそうなのです。しかし実はそこが大切な点なのです。そういう自分を知っていることが、真の意味で強く生きる秘訣と言ってよいと思います。たしかに「弱いときにこそ、私は強いからです」（新約聖書・コリント人への手紙第二、一二章一〇節）というパウロのことばは本当なのです。

「ああ、私は、もうだめだ」という無力性の認識こそ、神に仕えるだけでなく、誠実な人生の出発点ではないでしょうか。

「実り豊かな敗北」

ギデオン

士師記 六章一一～三二節

ある人を知っていると思っても、その人の特定の出来事に関心が集中しすぎて、どのような人かよく分からなくなることがあります。したことの大きさだけが目立ち、人間像全体が霞んで見えるようなことです。聖書の人物でもそう思えるような人たちが出てきます。私は旧約聖書の「士師記」に登場するギデオンをそう感じてきました。それは「信仰の勇者ギデオン」と言われることばでイメージが固定してしまっているからだと思います。

ギデオンが生きた時代は紀元前千年以上も昔。イエラエル人にとって中央政府も特定の指導者もない不安定な時期でした。加えて周辺諸民族の侵略・略奪が絶えず、その時どき一時的に「さばきつかさ」（士師）と言われる人が、政治的、軍事的な指導者となって国を防衛したのです。約二百年間に十二人の士師が登場しますが、キデオンはその六番目。そのとき戦った相手はミデヤン人ですが、そこでの勝利の物語がギデオンを有名にしているのです。

こういう話です。ギデオンはミデヤン人、アマレク人などの連合軍との戦いに際して三万二千人の兵士を集めます。しかし神は、イスラエルが「自分の手で自分を救った」と言って誇るといけないからと一万人に減らした後、さらに三百人に絞り、ギデオンはその少数精鋭部隊をもって戦います。そして「主のため、ギデオンのための剣」と角笛を吹き鳴らし、ミデヤン軍を打ち破りました（同士打ちで自滅）。この「勇者ギデオン」の物語がよく知られているのです。

ところで、ギデオンという人物をここだけでは理解できません。彼はミデヤンに苦しめられているイスラエルを救うようにと神の声を聞いたとき、「ああ、主よ。どうすれば私はイスラエルを救えるでしょうか」と尻込みし、「わたしはあなたとともにいる」と言われても、その証拠を見ないと信用できないという態度を取ります。中でも最も印象深いのは、神がイスラエルを救おうとされるなら、刈り取った羊の毛の上に露が降りていて、土が乾いているようにして神が働いておられる事実を見せてほしいという話です。この要求がきかれると、今度は羊の毛だけが乾いていて、土には露が降りているようにしてください、と証拠を見ないと信じないという態度を取るのです。

さらに注意してみたいのがギデオンの晩年。イスラエルはギデオンの指導で四十年間、平穏な時代を過ごしましたが、戦利品をもって祭司が着用する「エポデ」といわれる装束を作りました。ところが、これが偶像礼拝の対象となります。聖書は「それはギデオンとその一族にとって罠となった」と記していますが、彼の人生における汚点となりました。

これが三百人で強力なミデヤン軍を駆逐した勇者ギデオンのもう一つの側面です。この大事業ともいうべき貢献をしたギデオンは最初、弱い、若い、などと言い訳をし、なかなか神がともにおられるという信仰が持てなかった人です。また成功の後には信仰の判断を誤ってしまいます。考えてみれば、これが人間の普通の姿であって、だれもが経験する弱さというものではないでしょうか。

では、ギデオンが「信仰の勇者」と言われるのはどうして？　新約聖書のヘブル人の手紙に、その信仰が称賛された一人としてギデオンが挙げられているのはなぜでしょうか。聖書に細かな説明はありませんが、それは証拠を見ないと信じ切れないような、また勝利を得たため失敗してしまうようなことがあったけれども、信仰を守り通したということだと思います。

不思議というべきではないのですが、ギデオンの勇気ある行動もさることながら、弱さを抱え失敗をしても、それを乗り越えていった姿を想像して励まされるのです。非常に逆説的ではありますが、人生には「実り豊かな敗北」（トゥルニエ）というものもあるのではないでしょうか。

見えなくなって目覚める

サムソン

士師記 一四～一六章

サムソンと聞いて、「あっ、それ知っている」という方も多いと思います。映画やオペラの「サムソンとデリラ」などを思い出されるかもしれません。これは旧約聖書の「士師記」に登場する、一読すれば忘れられない話。イスラエルに王制が敷かれる前に活躍した指導者たちの一人であったサムソンの、壮絶な生涯を綴《つづ》った物語です。彼が生まれたのは、周辺民族の中でも強力なペリシテ人に四十年間も支配されていたころでした。

サムソンは、そんな屈辱的な時期に、素手で獅子を打ち倒すほどの剛力を持った指導者として神から遣わされたのです。彼はペリシテ人との戦いで、その力をもって勝利を収め、統治は二十年にも及びました。

ところが怪力サムソンには一つの弱点がありました。それは「女性」でした。最初に妻を娶《めと》ったときなどは、当時外国人との結婚は禁じられていたにもかかわらず、「彼女を私の妻に迎えてください。彼女が気に入ったのです」と両親に繰り返し頼み込んでいます。彼女の死後、今度はペリシテ人のデリラという女性に惹《ひ》かれ虜になってしまいます。ところがペリシテの領主たちはこれ幸いと、彼女を高額で買収し、サムソンの力の秘密を探らせたのです。彼は最初、嘘《うそ》をついて秘密を明かさなかったのですが、執拗《しつよう》に寄り迫る彼女に負け、遂にその秘密は長い髪の毛にあることを明かしてしまいます。これを知った彼女は、熟睡しているサムソンの髪を切り落とし、彼をペリシテ人に引き渡したのです。彼の目はえぐられ、青銅の足かせをかけられ、牢獄で家畜のように石臼を引かされることになってしまいます。

ある日ペリシテ人たちは、彼らの神ダゴンをたたえるため祝宴を開いた折、サムソンを「見せ物にしよう」と言って神殿に引き出したのです。このとき、サムソンは自分の過ちを悔い、「神、主よ、どうか私を心に留めてください。ああ神よ、どうか、もう一度だけ私を強めてください」（一六章二八節）と祈り、神殿の屋根を支える二本の柱を押し倒し、ペリシテ人とともに崩落した瓦礫《がれき》の下敷きとなっていのちを捨てたのです。

それにしても目をえぐられ、臼を引かされ、最後は瓦礫に埋もれるという結末は、神に立ち返ったといえども、なんと悲しく壮絶な死なのだろうと胸が締め付けられます。もっと早いうちに目覚めることができていたら、とだれもが考えるでしょう。しかし英雄もデリラの泣き落としには勝てなかったのです。

一般にサムソンを評して「女に弱かった」と言いますが、それはどこから来るのか、ある種の性癖なのか、現代でいう性依存症のようなものでしょうか。デリラに出会う前にも、「彼女のところに入った」、と他の女性との関係が記されているほどですから、「弱かった」以上でしょう。心理学的に言うならば、冷静な判断力や情動を抑制する大人の自我（心）が育っておらず、本能的な衝動や欲求の突き上げをコントロールできないわがままな子どものような自我が支配的になっているということです。

そうした分析はともかく、この物語は「力」というものをめぐって、いろいろ考えさせてくれます。力は魅力であれ、権力であれ、行動力であれ、主としてエネルギーを外へ向けますから、それを絶対化し、力一辺倒の生き方をしますと、自分の内側は留守になり、無防備な状態になってしまいます。

厄介なのは、この状態は自覚しにくいということなのです。サムソンは目がえぐられ、初めて心を内面に向け「神、主よ」と祈ったのです。目が見えなくなって目覚めるということは悲しい。しかし、人には最後まで目覚める機会があるという意味において、サムソンの物語は慰めでもあるのではないでしょうか。

家族の確執が織りなすもの

あの時があったから今がある

ヨセフとその兄弟

創世記 三七章

人生を振り返ってみると、この人に出会っていなければ、あの人がいなかったら、今はどうなっていたのだろうかと思い、ふと一人の人間存在の重みを身に染みて感じることがあります。

聖書の中でその辺りのことを考えさせられるのは、エジプトの宰相となったヨセフとその兄弟たちの物語です。ヨセフはイスラエル民族十二部族の祖となったヤコブの十一番目の息子として愛妻ラケルとの間に生まれ、年老いてからの子ということもあってか特別の寵愛《ちょうあい》を受けて育ちました。ヤコブは「息子たちのだれよりもヨセフを愛していた」といいますから、まさしく偏愛です。ヨセフ自身、そういう状態が他の兄弟たちに与えている影響についてよく分からなかったのでしょうか。兄弟たちの「悪いうわさを彼らの父に告げ」ています。若気の至りで問題がよく見えていなかったのでしょう。

そんなわけで、兄弟たちは「彼を憎み、穏やかに話すことができなかった」というのですが、人間感情として普通のことです。そのうえヨセフは、兄たちが自分に仕えるようになることを暗示するような夢を見てそれを話しているのです。これには、さすがの父ヤコブも困り、ヨセフを叱っているほどです。

悲しいことに兄弟たちの憎しみは増し、事はヨセフ殺害計画にまで発展していきました。彼を殺し、穴に投げ込んで、父には獣が食い殺したと報告しようというのです。しかし、これには長男ルベンが反対し、あとで助けるつもりで穴に投げ込むことには同意します。ところが彼がちょっとその場を離れている間に、殺してはならない、売ろうという四男ユダの提案により、ヨセフはちょうどそこを通りかかったエジプト行の隊商に売り渡されたのでした。

その後ヨセフはエジプト王ファラオの侍従長ポティファルに奴隷として買い取られますが、信頼され財産管理を任せられるまでになります。ところがポティファルの妻が彼を誘惑。それを退けると、彼女は自分こそ誘惑されたと讒言《ざんげん》したため、ヨセフは投獄されてしまいます。幸い彼は監獄でも信用を得、時至って王の夢を解き明かしたことで認められ、ついにはエジプトの宰相となり、行政官として手腕を発揮し国家に貢献するのです。

そのころ、家族の住むカナンが大飢饉に見舞われ、兄弟たちは食料の買い付けにエジプトにやって来るのですが、そこで劇的な再会をすることになりました。このときヨセフは、恐れる兄弟たちに、「私をここに遣わしたのは、あなたがたでなく、神なのです」（創世記四五章五〜八節）と語り、兄弟を赦すだけでなく、過去のすべてを神の計画として受け取ることを告げたのです。

さてこの物語。一見偶然と運命が連鎖しているように見えますが、ヨセフが自分をエジプトに遣わしたのは「神なのです」と言っているように、そこには神の計画がありました。しかしその計画実現のプロセスにおいて、兄弟ルベンやユダの存在が決定的な意味を持っていることに目を留めたいのです。と言っても、それは彼らが人間として立派で問題のない人だったという意味ではなく、彼らのその日その時の判断は、人間性の善し悪しを超え、ヨセフを生かすことになったということです。

これは易しいことではありません。人間は自分の利害も絡み、多数意見に巻き込まれやすいものです。しかしそうした現実の中で、彼らのような人が一人でも二人でもいるならば、集団やコミュニティーの運命が変わってくるというのがこの世の現実です。もっと身近な現実を振り返ってみると、あの日あの時、あの人がそこにいてくれたから、今の自分があると思うことがあります。そんなとき、感謝とともに自分という人間の人生態度、また瞬間的なことばや行動の大切さ・重さというものに、ハッとさせられるのではないでしょうか。

一歩踏み出して今できることをする

ヤコブとエサウ

創世記 二二～二三章

家族というものは面倒になると、夫婦や親子だけでなく兄弟であっても口もきかないような、時には敵対関係になってしまう場合があります。この問題で悩んでいる人はけっこう多いのではないでしょうか。聖書の人物で言えば、よく知られたカインとアベルだけでなく、ヤコブとエサウという兄弟の物語にもそれを見ることができます。

出生の話から衝撃的です。ヤコブとエサウはふた子ですが、弟ヤコブは兄エサウのかかとをつかんで出てきたといいます。将来を予見するかのような出産です。父イサクと母リベカの結婚は恵まれたものでしたが、どうしてか親子関係が偏っていました。「イサクはエサウを愛していた。……リベカはヤコブを愛していた」というのです。親が理想的な良い結婚をしても、家族という共同体を健全な関係に保つのはたいへん難しいものです。

最初に出た問題は狩猟から空腹で帰ってきた兄エサウに、弟ヤコブが自分の作ったレンズ豆の煮物と引き換えに長子の特権を譲るよう誓わせたというものです。これなどはエサウが軽率であったにせよ、相手の生理的欲求を利用したヤコブの策略以外の何ものでもありません。これに続いて兄弟間を決裂させる問題が起きます。老いて視力が衰えた父イサクを騙して、長男エサウに与えられるべき祝福をヤコブが奪い取ってしまうという事件です。これは母リベカの奸策《かんさく》ではあるものの、それに従うところを見れば、やはりヤコブの悪しき行為です。

怒ったエサウの殺害計画を知った母リベカは、ヤコブを伯父ラバンのもとに逃れさせますが、ヤコブにとっては家族から離れるという孤独な旅立ちとなりました。彼はラバンのもとで一生懸命働き、妻子も与えられ物質的にも豊かになりますが、仕事をめぐってラバンとの関係も悪くなり、ついに故郷へ帰ることになります。それは「あなたが生まれた、あなたの父たちの国に帰りなさい」という神の命令でもありました。

当然のことですが、この帰郷は恐れと不安の伴うものでした。すでに二十年もの長い歳月が経ってはいるものの、殺意を抱かせてしまった兄エサウに再会するわけですから緊張が伴うのは自然のことです。ヤコブは兄の赦しを請うべく最大限の贈り物を用意して会いに出かけるのですが、再開の場面は感動的です。彼は「兄に近づくまで、七回地にひれ伏した」というのです。これに対して兄エサウは「迎えに走って来て、彼を抱きしめ、首に抱きついて口づけし、二人は泣いた」。兄弟の和解です。

さて、兄を騙したヤコブとそれを怒って殺そうと思ったほどのエサウが、泣いて抱き合うほどに変えられていったことは驚きであるだけでなく、人間関係への希望であり慰めです。人はこのようにもなり得るのです。では何がこのような結果をもたらしたのでしょうか。これは考察に値することです。

さかのぼって考えてみれば、彼らの不幸な関係の原因は両親の養育態度に問題があったことは確かです。しかし成人した彼らの問題は、今、人生にどういう態度を取るかということでした。ヤコブは恐れと不安を持ちながらも、兄と会う決断をして故郷に向かったのです。悪くなった人間関係の回復のために原因を知ることも必要ですが、人を恨み過去を嘆くだけでは解決しません。必要なことは、恐れや不安があってもヤコブのように一歩踏み出して、今できることをすることではないでしょうか。もっとも、その決断までには人によっては長い時間が必要かもしれません。しかし、希望を持つことはできます。最悪の状態に陥ったヤコブとエサウの物語が、その可能性を証明しているのです。

反逆するわが子のために泣く父の愛

ダビデとアブサロム

サムエル記第二、一三〜一九章

物語の内容にもよりますが、一度読んだら脳内に痕跡を残し、忘れられないようなセリフがあります。「わが子アブサロム。わが子、わが子アブサロムよ。ああ……アブサロム。わが子よ、わが子よ」というイスラエルの王ダビデのことばです。

そのアブサロムはダビデの三男。「イスラエルのどこにも、アブサロムほど、その美しさをほめそやされた者はいなかった」と言われたほどの美男子で、名前の意味も「平和の君」というたいへん素晴らしいものでした。

しかしその生涯は波乱に富み、物語は、美しい妹タマルを異母兄弟のアムノンが汚したことを怨み、機を待って二年後に仇を討つという衝撃的な事件から始まります。これは父ダビデの怒りを買い、彼は逃亡生活に追いやられるのですが、ダビデ軍団の長ヨアブの仲介によって三年後に帰還が許されます。

ところが、それで平和が訪れたわけではなく、アブサロムは王位を狙ってダビデに反逆します。甘言を弄して人心を自分に引き寄せ、四年後にヘブロンで王として即位を宣言したのです。これを知ったダビデはアブサロムの攻撃を逃れ、家来とともに王宮を脱出。いわゆる都落ちです。

有能な助言者として仕えてきたアヒトフェルも謀反を起こし、ダビデ攻略作戦をアブサロムに提案するという事態も発生。計画は失敗しますが、両者の戦いは激しくなり、「エフライムの森」で激突します。戦いはダビデ軍が勝利し、アブサロムは密林で悲惨な最期を遂げたのです。

ダビデとアブサロム親子の戦いは、乱脈な家庭がもたらした結果とはいえ、なんと悲しい結末となってしまったことでしょうか。息子の戦死報告を受け、ダビデは非常に深い悲嘆に陥りました。彼は「身を震わせ、門の屋上に上り、そこで泣いた。彼は泣きながら、こう言い続けた。『わが子アブサロム。わが子、わが子アブサロムよ。ああ、私がおまえに代わって死ねばよかったのに。アブサロム。わが子よ、わが子よ』」と叫んでいます。

さて、このようなダビデのありさまをどう見たらよいのでしょうか。私情に流され、王として見苦しいと批判的に見る人たちもいます。家臣ヨアブも、王のために一生懸命戦った家来たちに「恥をかかせられました。……もしアブサロムが生き、われわれがみな今日死んだなら、それはあなたの目にかなったのでしょう」と王の言動を非難しました。そもそも罪を犯したアムノンにもアブサロムにも、ダビデは反省を求めず甘かったという批判的な見解もあります。

が、それでもです。ダビデには人の子の親として、わが子を思う厚い情がありました。なりふり構わず嘆いている姿には、単純に等閑視できない人間の物語があります。ヨアブのような指摘も分からなくもありませんが、常識や合理を超えるような本能的な情愛というものもなかなかのものです。愛の冷却が珍しくない現代の親子関係を考えると、少々ぶざまであっても「私がおまえに代わって死ねばよかったのに」と思ってもらえるような子どもは幸せだと思います。戦死したアブサロムは、父からそう思ってもらった息子だったのです。

また、「代わって死ねばよかったのに」というダビデの愛は、不完全ではあっても、神の愛に目を向けさせてくれるものがあります。F・B・マイヤーは「ここには、反逆した罪や憎しみは消えて、わが子のために泣く父の愛があります。申すまでもなく、ここには、いつしか神の愛が反映され、反逆して滅んだ者らに対する神の悲痛も木魂《こだま》していました」と述べています。この悲しい人間の物語。なぜかイエス・キリストが罪の赦しのために「身代わり」となられたという、神の愛の物語へと心を向けさせてくれるから不思議です。

屈辱を受けてもゆがまない母の愛

サムエルと母ハンナ

サムエル記第一、一～三章

長い間、人の心と魂に関わる仕事をしてきて、いつも決まって抱く驚きは、「この人はどういう育てられ方をしてきたのだろうか」というものです。これは好ましくない場合も好ましい場合もです。この人はきっと辛く悲しい幼少期であったに違いない、さぞかし温かい両親に育てられてきたのでは、と思わずそう感じてしまうということです。しかし、そのような見当がつくのは単純なケース。中には「この生育環境の中で、どうしてこんなに立派に」と思うようなこともあります。この種の問題を考えるとき、決まって「幼きサムエル」を思い出すのです。

サムエルはイスラエルに王制が敷かれる転換期に、最後の士師、預言者、また祭司でもあった偉大な人物ですが、出生の事情は普通ではありませんでした。母であるハンナは、夫エルカナのもう一人の妻ペニンナの態度に傷ついていました。それはペニンナが先に子どもを与えられたことを誇り、これ見よがしに、ハンナをいらだたせていたからです。

サムエルはそうした母の屈辱と悲しみの中、彼女の熱心な祈りの末に生まれた子どもでした。しかしここまでは誕生の背景であり、直接生育史に関わるようなことではありません。考えさせられるのはその後です。幼子は乳離れしたとき、神に仕えるため祭司エリのもとで養育されることになったのです。乳離れの時期に諸説がありますが、生後二、三歳ごろと考えてよいでしょう。

訓練とはいえ幼子がこの時期に母と離れて暮らすのは寂しいことです。年齢的にいって、生育上まだ母の存在が大きな意味をもつ時期です。果たしてエリ家がその母性的機能を持っていたのだろうか。エリには二人の息子がいて、後に不道徳な行状のゆえに神のさばきを受けることになったのですが、サムエルの幼少期の家庭環境は、彼らのことを考えても決して良いものとは言えません。

何よりも、その息子たちが「同じ日に死ぬ」という神のさばきの予告を聞き、それを先生であるエリに告げねばならなかったということは、幼きサムエルにとって耐え難いことであったに違いありません。彼にとってエリ家の者と一緒に過ごすことはつらいことだったのではないでしょうか。

さて、こういう普通でない、ある意味でハードな環境の中にありながら、サムエルはどのようにして真っすぐ育っていったのでしょうか。この問いを考えていくと、その鍵の一つは母ハンナの養育態度にあるように思えるのです。彼女は幼子が「乳離れするまで」自分のもとから離さなかったということです。発達史的に言えば、子どもは幼児期前期に母親との愛着関係を築き、それを基盤として自我（心）を形成していきます。つまり母親の無条件の愛の中で自分が愛され守られていることを、心と体で体験していくわけです。ハンナはそのための重要な役割を果たしたと言ってよいでしょう。また彼女は毎年、夫と礼拝のため宮に上って行くとき、わが子のために「小さな上着」を作って持っていったというのです。心がジーンとします。

このようにサムエルは親元を離れ、さらにエリ家という好ましいとは言えない環境にあっても、生育に必要な母の愛情と保護が確保されていたのです。人はみな自分が選択したのではない環境の中で育てられ、場合によっては劣悪な環境もあります。しかしそうした中にあっても母なるものが機能しているなら、その後の様々な課題・問題を乗り越えていけるのではないでしょうか。ここであえて「母なるもの」というわけは、それは実母でなくても、その機能を果たす者であればそれでよいということです。現代ほどその「母なるもの」の存在の必要な時代はありません。ハンナの示した「乳離れするまで」と「小さな上着を作り」という母の姿からそんなことを考えさせられたのです。

兄弟間の嫉妬と競争心

カインとアベル

創世記 四章一～二六節

「カインとアベル」と聞いて、ノーベル賞作家スタインベックの小説『エデンの東』を思い出す方もあるでしょう。これは映画（ジェームス・ディーン主演）にもなりましたから、観た方も多いのではないでしょうか。作品のモチーフは、創世記の「カインとアベル」の物語です。

聖書の内容は人類最初の殺人というなんとも暗く重い話ですが、家族問題などを考える際、論点が親子関係に集中し過ぎるためか、うっかりすると見落としてしまう「兄弟関係」をめぐる問題を考えさせてくれる、中身の濃い物語です。

事件は人類の祖アダムとエバの二人の息子カインとアベルの間で起きました。あるとき、農夫となったカインと羊飼いとなったアベルはそれぞれ労働の成果としてのささげ物を神の前に持ってきたのですが、神はアベルのささげ物を受け取られ、カインの物には目を留められなかったというのです。これは神がえこひいきしたというのではなく、ささげ方の違いによる結果でした。アベルは「最良のもの」をささげたのですが、カインはそうではなかった。つまり、アベルは「信仰によって」（新約聖書・ヘブル人への手紙一一章四節）ささげたゆえに受納されたということなのです。

しかし、カインは結果に納得せず、「激しく怒り、顔を伏せた」のです。神はこの態度が正しくないことを指摘・警告したのですが、カインは聞く耳を持たず、弟を野に連れ出して殺害してしまいました。神が「アベルは、どこにいるのか」と所在を問われると、カインは「私は弟の番人なのでしょうか」と責任を回避します。この罪の報いとして耕作物は実らず、カインは放浪者としてさ迷い歩くようになると宣告されるのですが、神は行く末を恐れたカインを憐れみ、彼を殺す者がないよういのちを守る約束をされました。この後、カインは「エデンの東」に住むことになったというのが物語の結末です。

ここに兄弟間をめぐる問題の原型があります。兄弟というものは親のほうに差別の感情や意識がなくても、ちょっとした扱いの違いに嫉妬心や競争心を抱き、時として敵対関係になってしまう場合があります。ある家族研究者は、兄弟関係を①専制関係②分離関係③対立関係④調和関係と四つに分類していますが、分離や対立の関係は意外に多いのではないでしょうか。もっとも、ある時期そうであってもライフ・サイクル（人生周期）の中で変化していくものでもありますから、少し冷静になれたらと思うのですが簡単にいかないのが現実です。しかしよく考えてみれば、そもそもお互いに同等感のある関係を持つことは難しいものです。兄弟といっても身体的にも能力的にも同じではなく、選ぶ職業も築く家族もそれぞれ異なり、お互いに違った人生を歩むわけです。まずこの単純な事実を受容することが必要ではないかと思います。

もう一つ注意を喚起しておきたいことは、兄弟関係に親の差別を感じて葛藤のある人生を歩んできた人は、その葛藤が家族以外の人、とりわけ同じような世代の人たちに投影される可能性もあるということです。たとえば人をなかなか褒められない場合、心の奥で兄弟に抱いている嫉妬や競争心のようなものが邪魔をしているかもしれないと、ちょっと考えてみたいのです。

いずれにしても兄弟間をめぐる問題は単純ではなく、だれもがカインのように嫉妬心を持つことがあります。しかしそんなとき、相手に問題があると考え、怒って顔を伏せるところまで発展させないようにしたいのです。それは大事件に至らなくても関係の破綻によって傷つき、心に血が流れるような悲劇を引き起こさないためです。これが「最初の殉教者」とも言うべきアベルの死が私たちに告げるメッセージではないかと思うのです。

人はうわべを見るが

レア

創世記二九章一～二四節

よく人は見かけで判断してはいけないと言いますが、そうは言われても人間関係の初期においては判断材料がないため、外見に捕らわれてしまいやすいものです。そもそも人はみな容姿の良し悪しには関心があり、人間関係の心理学などでも美人やハンサムな人は得なのかという実験や調査があるほどです。

しかし、得かどうかは判断の難しいところです。一見、見目麗しければ得のようにも見えますが、その人生が幸福なのかどうかとなると答えは単純ではありません。そんなことを考えさせてくれる話があります。イスラエル十二部族の祖となったヤコブの二人の妻、ラケルとレアの物語がそれです。

このヤコブは父をだまし、兄のエサウから長子の特権を奪ったため怒りを買って、伯父ラバンの所に逃れ住んだ人物です。彼はそこでラバンの二人娘の妹の方のラケルを気に入り、結婚相手に選ぶのです。「ラケルは姿も美しく、顔だちも美しかった。ヤコブはラケルを愛していた」と記されていますが、一目惚《ぼ》れでしょうか。一方姉のレアは、ヤコブを引き付けるような外見的な魅力はなく、目も「弱々しかった」といいます。

ヤコブはこのラケルを得る条件として七年間働いたのですが、約束の期間が満ちて「妻を下さい」と申し出ると、ラバンは妹が姉より先に嫁ぐならわしはないと言って先にレアを与えた後ラケルをも与え、さらに七年間労役を課したのです。

さてこの物語。一夫多妻制の文化とはいえ気の毒なのはレアです。彼女の身になってみれば、夫が自分より愛している女性がいることを知りつつ一緒に暮らすということは屈辱的なことです。どんなに悔しかったことでしょうか。

しかし、レアの生涯は悪いことばかりでありませんでした。神は「レアが嫌われているのを見て、彼女の胎を開かれた」というのです。こうしてレアには次々と子どもが生まれていきます。

一方ラケルは姉を嫉妬し、ヤコブに「私に子どもをください。でなければ、私は死にます」と無茶苦茶な要求をし、「胎の実をおまえに宿らせないのは神なのだ」（ラケルは不妊であった）と叱責を受けているほどです。しかし収まりはつきません。ラケルは女奴隷を妻（側女）として与えて子を得るのです。レアも負けじと言わんばかりに、同じ方法で子どもを産んでいきます。やがてラケルの胎も開かれ子どもが生まれるのですが、二人の物語は出産をめぐるすさまじい女の戦いといった様相を呈していきます。

こうしてラケルには四人の息子、レアには八人の息子と一人の娘が与えられるのですが、この子らがイスラエル十二部族の祖となるのです。中でも特筆すべきことは、レアの四男ユダの子孫から偉大なダビデ王が生まれ、その家系から人類の救い主となるキリストが誕生するのです。一方ラケルの子ヨセフはエジプトの宰相となって、一族を飢饉から救うことになります。

「姿や顔だち」の良し悪しが発端となってラケルとレアの関係は悪くなってしまったことを考えると、どちらが幸福なのか不幸なのかを判断するのは難しいと言ってよいでしょう。両方ともつらい思いをしましたし、また神の憐れみも受けているのです。「姿や顔だち」は幸、不幸を分けるものではないのです。

世の常として、美しいことによって心が外ばかりに向き精神的には貧しくなることもありますし、外見は目立たなくても生き方が美しい人はいくらでもいます。「姿や顔だち」について思い巡らしていて反射的に思い出されたことばがあります。「人はうわべを見るが、主（神）は心を見る」（サムエル記第一、一六章七節）という、この種の問題の核心をつくことばです。

目立たないけれど大切な人

ベニヤミン

創世記 三五～四五章

名はよく知られていても、何を考え何をしたかはよく分からない人がいます。言動に関する情報がなければそういうことになります。しかしだからと言って、人というものが理解できないわけではありません。何をしたかが分からなくても、その人が他の人にどう思われ、どう扱われてきたかを知ることによって分かってくることがあるのです。

聖書の人物で言えば、ベニヤミンを思い出すとそんな感じがします。名はよく知られていますが、ことばや業績のようなことは何も記録されていません。客観的な情報としてはイスラエル十二部族の祖となったヤコブと愛妻ラケルの間に産まれた末子であったこと。もう一つは、母ラケルは彼を出産し亡くなりますが、息を引き取るとき、その名をベン・オニ（意味は私の苦しみの子）と呼んだのに対して、夫ヤコブはベニヤミン（右手の子）と改名したことで知られています。といっても、これは知る人ぞ知るというエピソードかもしれません。

では彼がどんな人であったのか、何も分からないのかというと、そうではありません。ベニヤミンには同じ母を持つ兄ヨセフがおり、父ヤコブから偏愛されていました。このため十人の異母兄に妬まれたヨセフはエジプトに売り飛ばされてしまいます。しかしヨセフはエジプト王ファラオの夢を解くなどして信頼を得て、宰相にまで引き上げられます。

ところが物語はここで急展開。ヤコブ一族が住んでいたカナン（イスラエル）の地が飢饉に見舞われ、兄弟たちはエジプトのヨセフのことを知らずに食料調達に出かけるのですが、このとき父ヤコブはベニヤミンだけは家に残して息子たちをエジプトに送り出します。これは何を物語っているのでしょうか。彼が年若いからというより、妻ラケルを亡くし、ヨセフもいなくなった今（野獣に噛み殺されたと思っていた）、もしベニヤミンの身に何かあれば、どうして生きていけようという思いがヤコブにはあったのではないでしょうか（四四章二七～二九節）。つまりベニヤミンは、年老いた父の慰めだったと言ってよいでしょう。聖書には彼がどんな人だったかは何も書かれていませんが、彼は年老いた父が生きていくために必要な存在だったのです。

カナンの地の飢饉は長引き、兄弟たちは再度食料を求めてエジプトに行くのですが、このときにはベニヤミンを連れて行くことになります。やがて父ヤコブもエジプトに招かれ、死んでいたと思っていたヨセフと涙の再会をします。このときのベニヤミンへの待遇からも分かりますが、彼は父ばかりでなくヨセフにとっても愛の対象であり、また兄弟たちにとっても妬みの対象ではなく大切な存在となっているのです。

私たちの家族や他の共同体においても、こういう役割を果たしているような人がいるのではないでしょうか。人間の生活には何か生産的なことをして人の役に立つことも大切ですが、忘れてならないことは、人生にはその人の存在そのものが意味を持つようなことがあるということです。

ベニヤミンが悲しみの中にあった父に必要であったように、その存在が愛され必要とされるなら、それは目に見えない一種の業績と言ってよいでしょう。私たちはそのような存在によって支えられているところがあるのではないでしょうか。この人がいるから、あの人が生きているから私も頑張って生きていこうという気持ちにさせてくれる人がいます。老若男女、健常者障がい者を問わず、言わず語らずのうちにそういう役割を果たしている人はやはり魅力的です。ちなみにヨセフは兄弟たちを宮廷に招いて食事をもてなしたとき、ベニヤミンには他の兄弟の五倍も多くのごちそうを振る舞ったというのです。そんなにしたくなる人とは、どんな人なのでしょうか。

人生の締めくくり

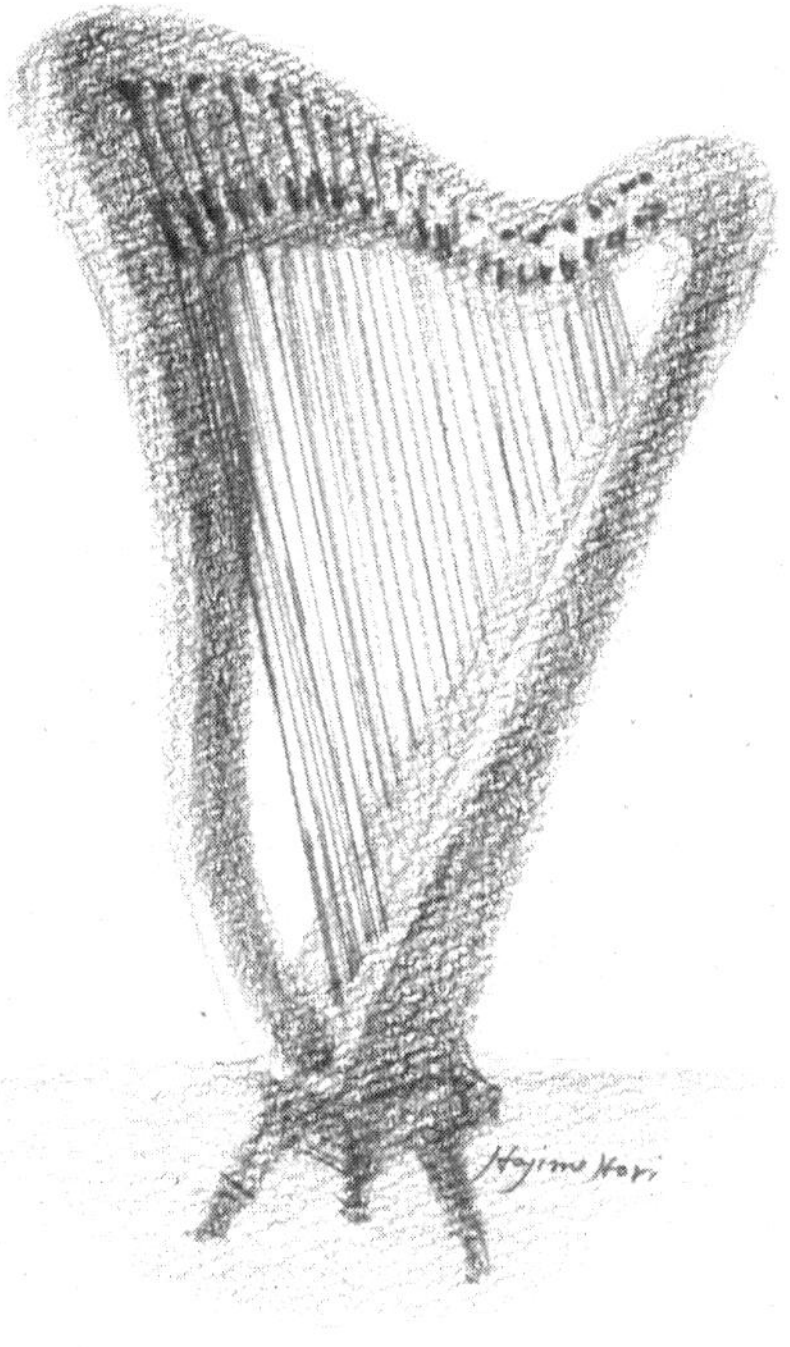

隠された感情が現れ出るとき

ミリアム

民数記 一二章一～一二節

人の心は最後の一呼吸に至るまで変わり得るものですが、願わくはいっときの出来事であっても悲しい晩節を迎えたくない。これは万人の願うところです。こんなことを考えさせてくれる人物のひとりがミリアムという女性です。

彼女はあの大スペクタクル映画「十戒」でも世に知られている、イスラエル民族の大指導者モーセの姉です。最初に登場するのは、エジプト王ファラオがイスラエル人に「生まれた男の子はみな、ナイル川に投げ込まなければならない」と命令を下したときです。彼女は、母がモーセをパピルス製の籠に入れナイル川の茂みに置いたその折、水浴びに来ていたファラオの娘がそれを発見し、引き取ろうとしたのを見て、乳母（実母）を紹介し、モーセのいのちを救ったのです。

やがて彼女は女預言者としてモーセの協力者となり、エジプトを脱出したイスラエル人が葦の海（紅海）を横断した際には勝利を喜び祝い、女性たちの先頭に立って、タンバリンを打ち鳴らして踊ったというのです。聖書に細かな情景描写はありませんが、彼女が情熱をもって喜び歌う姿は、きっと力強くも明るく美しかったに違いありません。

ところが、エジプトを出たイスラエル人がシナイ滞在を経てハツェロテという所に留まったとき、ミリアムはモーセの兄アロンと一緒になって、モーセがクシュ人（外国人）の女をめとったことで非難したのです。しかしこれは一種の口実で、実はモーセの主導権や地位に対する嫉妬でした。彼らは「主はただモーセとだけ話されたのか。われわれとも話されたのではないか」と、自分たちも高く評価されてよいと言わんばかりに非難したのです。

しかし、これは立場をわきまえない誹謗中傷。神は二人に「彼（モーセ）とは、わたしは口と口で語り、……彼は主の姿を仰ぎ見ている。なぜあなたがたは、わたしのしもべ、モーセを恐れず、非難するのか」と叱責されたのです。この反逆のためミリアムが「ツァラアト（重い皮膚病）」で打たれたのを見たアロンは、即刻「私たちが愚かにも陥ってしまった罪……」と言って悔い改め、モーセに救いを求めたのです。モーセはこれを聞き、神に叫んで「どうか彼女を癒やしてください」と、とりなしの祈りをささげたのでした。

間もなく事態は収束し、一行は再び旅を続けることになったのですが、それにしても、なぜこの段になって、こんなことがと考えてしまう事件です。普通年を重ねれば人格的な成長・円熟を期待するのが自然なのですが、現実はそうはいかないのが人の心というもの。少々分析的になりますが、おそらくミリアムの嫉妬心は突然発生したというよりも、すでに彼女の中にあったものでしょう。元気よくタンバリンを打ち鳴らし、女性たちの先頭に立っていたころには、覆われていた感情だったのではないでしょうか。

嫉妬の話ではないのですが、ジャン・バニエ（知的障害者の施設「ラルシュ共同体」の創設者）という人が著書の中で、私たちは「ある人には優しく接するのに、ある人には脅威を感じることがあり」、無力を感じるばかりでなく、「私の内に、信じがたいほどの怒り、苦痛、恐怖、さらに憎しみにも似た感情がわき上がって」くることがあると告白しています。この隠された感情が、ある人のもとでは白日のもとにさらけ出されることがあるというのです。

確かに人間は何歳になっても、事と次第では罪深い自分が露呈することがあります。こういう体験は若いときより精神的にきついものですが、悔い改めて出直すなら、「民はハッェロテを旅立ち」とあるように人生の旅を続けることができます。たとえタンバリンを打ち鳴らすことがなくなっても、それはそれでよいのです。自分が何者であるかを知ったなら。この事件は、そんなことを考えさせてくれる貴重な物語です。

まだ、やるべきことがある

ヨシュア

出エジプト記 一七章八～一六節
ヨシュア記 一三章一、二節

昔も今も、偉大な人の後継者となることは大変なことです。前任者と比較されることもあるでしょうし、たとえそうでなくても、仕事を継続していくことそれ自体がやさしくないのです。聖書の中で、そのような例として真っ先に浮かんでくる人物の一人はヨシュアではないかと思います。

彼は、エジプトで奴隷となっていたイスラエル人をその地から脱出させた指導者モーセの後継者となった人物です。その名はエジプトを脱出したイスラエル人がレフィディムという所に宿営していたときに突然出てきます。しかもアマレク人が襲ってきたとき、戦士としてモーセから出陣を命じられるという話の中にいきなり登場。すでにモーセの従者として仕えていたにしても、このデビューは彼のその後の立場と職務を象徴・予告するような出来事でした。事実、その後モーセがシナイ山であの有名な律法、「十戒」を神から授かるとき、ヨシュアだけがモーセとともに山に登ることを許されていますし、また大移動の目的地であるカナンの地へ偵察隊として選ばれたときなど、積極的な情報と意見を持ち帰り、人々を励ましています。

彼がモーセの後継者として正式に指名されたのは、モーセが死を前にしてイスラエルの将来について人々に語ったときです。所はヨルダン川東岸のモアブの地。川を渡ればそこは目的地カナンでした。そのときモーセが「主はあなたを見放さず、あなたを見捨てない。恐れてはならない。おののいてはならない」（申命記三一章八節）と語ったことばは、だれの心にも残るものです。

モーセの後継者となったヨシュアは、ヨルダン川を渡り、エリコ攻略をスタートに次々に戦いを展開し、遂にカナンを平定するという任務を果たしたのですが、その戦国時代さながらの物語を平和な時代に生きる私たちが読むのはきつい。それは三千年以上も前の宗教や文化の特殊な事情を含む歴史的背景を理解しないと分かりにくい。分かったとしても、今日語らねばならないのは「剣《つるぎ》を取る者はみな剣で滅びます」、「平和をつくる者は幸いです」というイエスのことばであることを、ここで伝えておきたいと思います。

話をヨシュアに戻し、彼の人生を思い巡らすと、何か気の毒な感じがしてならないのです。

時代が時代とはいえ、モーセの後を引き継ぎ、新しい国土を治めるわけですから普通ではない仕事です。しかも、彼の人生は働き詰めという印象があります。事実こんなことが書かれています。

「ヨシュアは年を重ねて老人になっていた。主は彼に告げられた。『あなたは年を重ね、老人になった。しかし、占領すべき地は非常にたくさん残っている……』」と。これは、あなたにはまだなすべき仕事がある、という意味です。ヨシュアは百十歳まで生きたと記録されていますが、告別説教に至るまでその歩みを見ると、これぞまさに生涯現役。外から見れば働き詰めという感じがします。

しかし、このようにまだなすべき仕事があるというのは、視点を変えれば幸せなことです。今日の産業社会には定年制があり、まだ肉体的、精神的に十分エネルギーのある人であっても、その時が来れば勤めから退かなくてはなりません。しかしヨシュアのように「老人になったが、まだ仕事がある」と言われたら、また「まだ」と思えるなら、若いときと同じような仕事でなくても、その年齢にふさわしい働きをしたらよいのではないでしょうか。

百十歳まで生きたヨシュアが最後に残した「私と私の家は主に仕える」ということばは印象的です。ともあれ、神と人のためならば働き詰めということもマイナスと考えなくてもいいというのが、ヨシュアの人生から発信されているメッセージの一つのように思えるのです。

意味のある老い方のモデル

モーセ

申命記三四章

かつてない超高齢社会を迎え、折に触れてふと思うことの一つは年の取り方というものについてです。これはあまり教えられてこなかったことで、モデルも有るようで無いのではないでしょうか。ただ老いにはみな抵抗があり、多くの人が老化防止のため、また生き甲斐を得るために様々な活動にチャレンジしています。アンチエイジングの時代です。

そんな光景に触れるたびに、私はなぜか旧約聖書に登場するモーセを思い起こします。実はそのモーセ、百二十歳まで生き、しかもその年になっても「目はかすまず、気力も衰えていなかった」（七節）というのです。モーセと現代人を単純に並べられませんが、その生涯を見ると、年を重ねることの意味について考えさせられるものがあります。

モーセは八十歳になってから、壮年男子だけでも六十万人ものイスラエル人をそれまで住んでいたエジプトから脱出させ、四十年かけて故郷のカナンの地に導いた旧約聖書中最大の指導者でした。とはいえ、そこに至るまでの道程は平坦ではなく、様々な問題に直面しなくてはなりませんでした。

エジプトを出たイスラエル人は、水がない、食料がないと不平を言ってモーセを悩ませましたし、シナイ山で「十戒」を授与されたときには、民はモーセが山から降りるのを待てず、兄アロンに金の子牛を作らせ偶像礼拝に陥った話などはひどいものでした。また二百五十人もの民が共謀してモーセとアロンに公然と反逆するクーデターのような事件もありました。

それればかりかモーセは、長い旅の末、老いて目的地カナンを目の前にするのですが、悲しいことにその地に入ることができませんでした。それはカデシュという所で民が水がないと言って逆らったとき、岩に命じて水を出すようにという神の指示に従わず岩を打って水を出した、その不従順のゆえに入国が許されなかったのです（新しい地での激しい戦いを考えると神の配慮のようにも感じられる）。こうして彼は、ピスガの頂から約束の地を眺めながら百二十年の生涯を閉じたのです。

振り返ればモーセの生涯は試練の連続でしたが、彼はイスラエル人の解放という任務を見事に成し遂げたのです。ここに人の生き方・老い方について、考察・熟考に値する物語を見るのです。それはモーセのように大事業を成し遂げ、高齢になっても目はかすまず、気力も衰えないような老い方が生きる目的というのではなく、自分に与えられた「使命」に生きるということに人生の意味や目的があるということ。モーセの物語はそれを考えさせてくれるのです。

ある高齢の方が、著書の中にこんなことを書いておられました。「多くの時間とエネルギーは病院の予約や支払いなど、健康維持、身体維持のために使っているが、これはまるで死ぬのを長引かせるために使っているようなものだ。こういうことで晩年を過ごさねばならないのだろうか」と。これは、生命維持が晩年の目的になってしまっているというわけです。

この超高齢時代に心に留めておきたいことは、人生の目的は目はかすまず気力も衰えないということではなく、モーセのように自分の使命に生きるということです。何かができなくても、周囲に向けてほほ笑むだけでも、それは素晴らしい老い方ではないでしょうか。ちなみにモーセは「地の上のだれにもまさって柔和であった」(民数記一二章三節)と記されていますが、たとえ心身は衰えても、こういう人がいるだけで周囲の人はどれだけ心が肥沃にされるか分かりません。そういう意味で、モーセの長寿は生き方・老い方のモデルと言ってよいと思うのです。

晩年の変容から学ぶ

アサ

歴代誌第二、一四～一六章

いずれ人ごとではなくなることですが、このところ研究の上でも関心を持っていることの一つは人の晩年の変容です。発達心理学なども誕生から死に至るまで人生全体を視野に入れるようになり、今では晩年はたぶんこうなるのではという発達課題にも疑問符が付けられるようにもなってきました。つまり人生は最後まで分からないということ。そんなことを考えていると、ふと頭に浮かんでくるのが列王記・歴代誌に登場するアサという王です。

彼はイスラエルの南王国ユダの三代目の王であり（前十世記）、歴代の王たちの中でも善き王の一人で、統治期間も四十一年にも及びます。その治世の初期に国から偶像礼拝を取り除き、民に律法を守らせ、治世十五年には偶像礼拝排除の契約を結ばせるなど、宗教改革を行っています。改革には不徹底な部分があったものの、かなり熱の入ったものでした。

彼はまた要害都市を築くなど、国家の平和と安定のためにも尽力しました。さらに軍勢百万を誇るクシュ人との戦いにおいては「力の強い者を助けるのも、力のない者を助けるのも、あなた（神）には変わりはありません」と信仰に立って敵を撃破したといいますから、宗教のみならず政治についても、その姿勢・態度は神中心であったと言ってよいでしょう。「アサの心は生涯、主とともにあり、全きものであった」と記されているほどです。

しかしアサの晩年は読者に戸惑いを与えます。それは治世三十六年目、北王国のバアシャの進攻に際し、バアシャと軍事同盟を結んでいたアラムの王ベン・ハダドに貢ぎ物を贈って同盟を破棄させ、戦いに挑んだのです。この外交手段を予見者（一般には預言者）ハナニが非難すると、アサは怒って彼を投獄してしまいます。加えて病気にかかったときも「主を求めず、医者を求めた」とあります。これは医療の否定ではなく、まず神に祈るべきなのに、アサは個人生活も人間中心になってしまっていたということです。

このような変容をどう考えたらよいのでしょうか。普通に考えられることの一つ。人は年を取ると知識も経験も豊かになり、それまで分からなかったことが分かるようにもなりますが、厄介なのは知識や経験が増えると「常識」が優先してしまうことです。こうすれば有利・不利などと仕事でも人間関係でも操作的・戦略的になってしまう可能性があります。アサについてそういうことも想像できますが、それよりも長きにわたる国家の安定に慢心し、若きころの純粋な信仰が後退してしまっていたのではないでしょうか。これは一種の警告です。

しかしこの物語は、警告とともに釈然としない余韻を残しています。それは前述の「アサの心は生涯、主とともにあり、全きものであった」ということばをどう考えたらよいのかということです。初めは神に従っていたのに後には離れてしまったという例は珍しくないのですが、アサの場合は信仰的判断が欠落してしまった事実がありつつも「生涯、主とともにあり、全きもの」と表現されているのです。一般には分からないわけではありません。「彼は立派な信仰者、人格者だった」と言われる人でも、その生涯には失敗も過ちもあるのが普通です。

しかしアサの物語は、そういう説明が通用しないほど初期と晩年のコントラストが激しく、光と闇が統合できないような不全感があります。もう少し細かい部分を知りたい気持ちになりますが、物語はどこか中略という感じを残し、「先祖とともに眠りについた」で閉じられます。私たちはアサの生涯全体と部分の関係をうまく説明できません。というより説明や納得は重要なことではないのかもしれません。それより大切なことは、ただ謙虚になって警告は警告として真摯に耳を傾け、学ぶべきところからはしっかり学ぶことではないかと思うのです。いずれにしても、なかなか考えさせられる物語です。

失敗の果てに「美しい」

エリ

サムエル記第一、一〜四章

すぐれた人や理想的な人を見ると、現存する人であれ過去の人であれ、できるだけ完全であることを願っているような気がします。映画の主人公に初めから終わりまで正しく良い人であることを期待しているような感覚でしょうか。

しかし、生身の人間というものは複雑ですし、人生の旅も平坦ではなく、程度の差こそあれ紆余《うよ》曲折があります。イスラエル史における重要な指導者サムエルを教育した、祭司エリの人生はそんな感じがしてなりません。

彼は当時の宗教・政治の中心地であったシロの町の祭司でしたが、山地に住むエルカナとハンナの間に生まれた幼児サムエルを「一生の間、主にお渡しします」との誓約のもとに預かり、立派に育て上げたのです。サムエルは、長じてイスラエルに王政が敷かれる歴史的転換期の指導者となっていきました。

考えてみたいのはこの偉大なサムエルを育てたエリの人生です。彼について最もよく知られたエピソードは、サムエルの幼年時代の物語です。サムエルは夜中に、三度にわたって神からの呼びかけを聞きました。その都度エリが呼んでいると思い「はい。ここにおります」と答えますがエリではありませんでした。しかし四度目にはエリの指示に従い、「お話しください」と応答します。主の語る内容を聞くと、それはなんと祭司職にあったエリ家の息子ホフニとピネハスの非行・悪行とそれを知りながら黙認したエリに対する厳しいさばきの宣告でした。しかしエリはそれを聞くと、冷静に受け止め、「その方は主だ。主が御目にかなうことをなさるように」（三章一八節）と答えたというのです。

この予告は後にペリシテ人との戦争において現実のものなり、イスラエルは敗戦し、歩兵三万人とともに二人の息子も戦死します。さらに「神の箱」（十戒の石板が入っている）が奪われたことを聞いたエリはショックを受け、座っているところから転落し、首を折って死んだのです。その年九十八歳。それにしても、なんという悲劇的な結末なのでしょうか。

このエリの最期の物語を読むと、あの偉大な指導者を育てた業績がどこかに飛んでしまうような思いになります。すぐれた人物に当然のごとく良き晩年を期待する癖がついている者にとって、なんとも受け入れがたいような物語の終焉です。神はどうして、このような結末を許されたのでしょうか。

しかしその理由について詮索するのは意味がない、というよりできないのです。それは神の領域に属することであって探索不可能です。ただはっきりしていることは、サムエルを神の器として訓練し、育て上げた功績は素晴らしいことであったこと。またそれが歴史的な大きな意味を持つものとなったことは確かです。何よりもエリは、自分の運命についてサムエルに語りかけた方を正しく認識しており、「その方は主だ。主が御目にかなうことをなさるように」と語る老境の人生態度には万感胸に迫る思いが込み上げてきます。

Ｆ・Ｂ・マイヤーはこのことばについて『日々のみことば』の中で、年老いたエリは「恐ろしいさばきの宣告を聞いて静かにそれを受け入れた」、そしてそれを「美しい」と言っています。確かに彼の子育ては軟弱であった。しかしそれがもたらした運命を引き受け、主の御旨がなされるよう自分の身を神にゆだねた。これを「美しい」というのです。エリの人生の評価は一般に親の失敗物語という暗い雰囲気だけで覆われやすいのですが、「美しい」と言わせる部分にも心を留めたいと思うのです。また転落死は、単純な「良き死」の観念に修正を迫るものがあります。多くの人の人生には不慮不測の災害死や事故死、また病死、戦死など様々な死があります。エリの死は、それらの死の中には神の秘密に属する隠された意味もあることを考えさせてくれるのではないでしょうか。

改革の成果は不完全でも

ヨシヤ

列王記第二、二二章一節～二三章三〇節

歴史を学ぶとき、「忘れてはならない人」といわれる重要人物がいます。試験問題に頻出するような人です。イスラエルの分裂王国時代の南王国ユダには二十人の王が登場しますが、十六代目のヨシヤ王（前七世紀）はそうした人物の一人と言ってよいでしょう。

彼が何で有名なのかというと、いわゆる「宗教改革」です。その改革事業は神殿修理の際に、大祭司ヒルキヤによって「律法の書」が発見されたことに始まります。ヨシヤはヒルキヤの書記シャファンの朗読を聞くと、直ちに人々を集めて律法を読み聞かせ、自らそこに記されている契約のことばを実行することを誓い、民もその契約に加わったというのです。

ヨシヤの改革はそれ以前に着手されていたのですが、この律法の発見により改革は徹底したものとなりました。偶像神バアルやアシェラをはじめ、「天の万象のために作られた祭具」など、異教の礼拝に関わる物はことごとく取り壊され、その改革は非常に厳しいものでした。一言でいえば偶像礼拝の一掃ということです。そして最後は「過越の祭り」をもって終わります。

聖書はヨシヤについて「ヨシヤのようにモーセのすべての律法にしたがって、心のすべて、たましいのすべて、力のすべてをもって主に立ち返った王は、彼より前にはいなかった。彼の後にも彼のような者は、一人も起こらなかった」と記していますが、これはそれまでにないような破格の評価です。

ところで、この宗教改革の成果はというと、思ったようにはいきませんでした。素晴らしい評価の後に「それにもかかわらず……」と記されているように、人々は依然としてヨシヤの祖父マナセ王たちの悪政・悪行の影響から抜け出られず、神のさばきを宣告されなければならないような状態でした。

ヨシヤはその後、悲惨なことにエジプトのファラオ・ネコが、新興バビロンによって弱体化していたアッシリアを助けるために北上してきたとき、ネコが「今日は、あなたを攻めに来たのではない」（歴代誌第二、三五章二一節）と言ったにもかかわらず、これを迎え撃ち、メギドの地で戦死したのです。ヨシヤの行動の意図はよく分かりませんが、おそらくエジプトの勢力拡大を恐れていたのではないでしょうか。それにしてもなんともいえない不全感を残す悲しい結末です。

さて、このヨシヤの宗教改革。これはそれまでにない徹底した改革でしたが、以前の悪王たちの影響を引きずっている頑なな人々の心を変えることはできませんでした。外側の改革はできても内側の改革・真の悔い改めの難しさを考えさせられます。ヨシヤはどんな思いで宗教改革の結果を見たのでしょうか。おそらく人には言えないような敗北感や挫折感を覚えていたのではないかと、その無念極まる心情を想像してしまいます。

彼はまたそのころ、アッシリア、バビロン、エジプトという大国の勢力の変化にも翻弄されていたのではないでしょうか。その結果、なすべき方向が宗教改革の域を越えてしまったとも言えます。マルチン・ルターの宗教改革を思い出します。その改革は人々を聖書に戻らせ、教会を変えていきました。しかし火がついた改革は対立と分裂を生み出し、思わぬ戦いを招いたことも事実です。これは「宗教改革の功罪」と言われるもので、教会は負の遺産を引きずることにもなりました。

ヨシヤは確かに前にも後にも、彼ほどの王は一人も起こらなかったと称賛された優れた王でした。しかし「それにもかかわらず」と言われる状況を目にしなくてはなりませんでした。しかしよくよく考えてみれば、それは私たち人間がしばしば直面する現実であり、どんな改革、刷新も完全ではないのです。ヨシヤの物語はそんなことを教えてくれているのではないでしょうか。

繁栄の行く末から学ぶ

ソロモン

列王記第一、一～一一章

この人から学ぶところはある、しかしこの人の人生や生き方には倣ってはいけない、と思うことがあります。こうした矛盾感情を持って人を見なくてはならないのはつらいことですが、案外と身近な現実に多いのではないでしょうか。聖書に登場する人物の中では、ソロモンがよい例かもしれません。

ソロモンと言えばその名を知る人も多く、「栄華を極めたソロモン」と言われるように富と繁栄の象徴のような印象を放っています。また「ソロモンの知恵」ということばを聞いた人も多いのではないでしょうか。

さてそのソロモンですが、彼はダビデとバテ・シェバの間に生まれ、イスラエル統一王国の三代目の王（前十世紀）。王位継承問題では苦戦はしたものの、ダビデ王の後継者として国家の安定と繁栄に力量を発揮した王でした。

最初に登場する物語に感動しない人はいません。ある日、神がソロモンの夢の中に現れ、願うものは何でも与えようと言われると、彼は自分のために富や長寿などを求めず、善悪を判断して「民をさばくために、聞き分ける心」を願い求めたというのです。神はこれを喜ばれ、彼が求めなかった富と誉れと長寿をも与えると約束されたのです。読めばだれの記憶にも残る話です。

このソロモンの名声は外国にまで広まり、シェバ（アラビアの南西部）の女王がその知恵を確かめるため難問を持って訪れたほどです。当然、その能力は国内行政のみならず外交政策・国際関係にまで反映され、平和で安定した中央集権国家が建設されていったのです。中でも特筆すべきことは、父ダビデの悲願であった神殿を（宮殿と併せて）エルサレムに建設したことです。

神殿建築において私たちを感動させるのは、その完成時に「実に、天も、天の天も、あなたをお入れすることはできません。まして私の建てたこの宮など、なおさらのことです」と非常に謙虚な祈りをささげたことです。またソロモンの信仰と英知は「箴言」（旧約聖書）の中に多く収められていますが、それを読んでその知恵深さに感動しない人はいません。

ところがです。ソロモンは賢く優れた王でしたが、その繁栄の中で建築事業などをめぐって民衆に負担を強いたり、エジプト王の娘をめとるという政略結婚をし、さらに近隣諸国とも姻戚関係を結び、驚くべき数の妻やそばめを召し入れるということをしたのです。残念なことはそうした中で、持ち込まれた偶像礼拝を許容・黙認せざるを得なくなったことです。こうして彼は、晩年に至って倫理的にも信仰的にも堕落していきました。

ところで、このソロモンの晩年は何を告げているのでしょうか。分かりやすい答えの一つは富と権力には落とし穴があるということ、何でもできるという頂点に立つとものが見えなくなりやすいということです。そうなると知恵や知識を正しく使うことも難しくなります。これは物事が順調にいっている人たちに対する普遍的な警告ではないでしょうか。

しかし、ことソロモンに関しては単純でないテーマがあります。それは彼の初期の敬虔な信仰や英知、分けても「箴言」のことばや彼に由来する知恵のことばなどは素晴らしく、今も多くの人がそれらを学び、人生の指針を得ています。つまり彼の生涯のすべてを肯定することはできませんが、ある部分からは学んでいるわけです。現実はそうなのです。

私たちが人に学ぶ場合、完全な人から学んでいるわけではありません。その人の若いころには影響を受けたけれど、晩年のその人を尊敬できないということはあり得るのです。しかし、かつて教えられたことが価値あるものであったならば、それは心に留めておきたいものです。学ぶという面にはそうした側面もあることを考えさせてくれるのが、ソロモンの生涯ではないでしょうか。

悲しみの彼方に

泣く声を聞かれる神がいる

ハガル

創世記二一章一〜二一節

聖書を読んでいると、なぜか心に深く入り込んでしまう物語に出合うことがあります。それは「悲しみ」をテーマとしたような話です。一般にはあまり知られていない話ですが、ハガルの物語がその一つです。その身になって思い巡らすと、ああ、という感嘆詞が出るほど強い哀感を覚えます。

彼女は信仰の父とも言われるアブラハムの妻サラの女奴隷ですが、サラは自分に子どもが生まれないため、このハガルを妻として夫に与えます。日本流に言えば、いわゆる「お世継ぎ」のためです。神はアブラハム夫婦に幾度も子どもを与えると約束されたのですが待てなかったのです。

サラの選択したこの手段は厄介な問題を引き起こしました。ハガルは妊娠すると〝勝った〟と言わんばかりに「自分の女主人を軽く見る」ようになります。サラは悔しさのあまりハガルをいじめ始めたのです。ハガルはこれがつらくて荒野に逃げるのですが、神はみ使いを通して「あなたの女主人のもとに帰りなさい」と諭し、子孫を増やすことも約束されたのです。間もなく子どもが生まれ、その子はイシュマエルと名づけられました。

それから十四年後、神はアブラハム夫婦にも約束の通り、念願の子どもを与え、名はイサクと付けられました。ところが人の世は面倒なもの。これでめでたしとはいきません。イサクが乳離れしたころ、サラはイシュマエルがイサクをからかっているのを見て、夫アブラハムに「この女奴隷とその子を追い出してください」と頼み、荒野へ去らせたのです。

ハガルがパンと水の革袋を背負い、わが子を連れて出て行く姿は、想像するだけで切なくなります。哀れな母と子はベエル・シェバの荒野をさまよい歩き、ついに水が尽きたとき、母はその子の死を見るに忍びず潅木《かんぼく》の下に寝かせ、離れたところで「声をあげて泣いた」という。なんとかわいそうなことでしょうか。

しかし神はこの親子を哀れみ、「ハガルよ。どうしたのか。恐れてはいけない。神が、あそこにいる少年の声を聞かれたからだ」と励ましたのです。二人はその後、パランの荒野に住み着き、やがてイシュマエルは一民族を形成し、アラブの祖となっていきました。

さてこの物語。聞くも涙、語るも涙というような話ですが、人間存在の罪深さや人間の見方というものを考えさせてくれます。私たちは物語でも実際の人間関係の問題でも、どうも

「あの人が悪くて、この人が良い」という風に二通りに分けて考えやすいのですが、人間の現実は単純ではありません。

この物語もハガルを追い出したサラの悪さが目立ちますが、ハガルの女主人を見下げるような高慢な態度も問題です。イシュマエルに対しても教育ができていなかったかもしれません。アブラハムもサラの強い態度に抵抗できなかったことが、そもそも問題の原因であったとも言えます。ここに人間の罪深さと弱さが混在した複雑な構造が見られます。これは人ごとではなく、こうした中に翻弄されているのが私たち人間ではないでしょうか。ハガルとイシュマエルの泣く声は、単に彼らの叫びではなく人間存在の悲しみを象徴する魂の悲鳴のように思えてなりません。

しかし物語はここで終わっていません。神は「少年の声を聞かれた」のです。神は人間の涙の事情をよく知っておられ、その涙を拭われる方、またサラの見下げられた悔しさを理解される方でもあるのです。預言者イザヤは、救い主キリストについて「悲しみの人で病を知っていた」と語っていますが、聖書の語る神は人のどんな悲しみをも知ってくださる方なのです。

涙の向こうから慰めが

エレミヤ

エレミヤ書三〜四章

明るくて穏やかな表情には、人の心をほっとさせるものがあり、落ち込んでいるときなどは、それだけで慰められるものです。では悲しみや憂いのそれは人を落ち込ませるのかというと、必ずしもそうではありません。このテーマを考えると、いつも思い出されるのが預言者エレミヤです。

エレミヤはユダ（イスラエル分裂後の南王国）のヨシヤ王の治世（前六二七年）に若くして預言者として召されますが、そのころちょうどヨシヤ王は宗教改革運動に着手していました。当時ユダは改革を必要とするほど宗教的・政治的に腐敗していたということなのです。

エレミヤの預言はユダが神を離れ、そのまま偶像礼拝を続けていくなら、バビロン軍の侵攻により国は国家的な危機を迎えるであろうというものでした。しかし人々はエレミヤのことばに耳を傾けようとはしませんでした。彼はそうした中で背信の民を憂えてこう言っています。「私のはらわた、私のはらわたよ、私は悶える。私の心臓の壁よ、私の心は高鳴り、私は黙っていられない……」（四章一九節）と。呻《うめ》きに近いことばです。

ここを読んで想像するエレミヤの表情や姿は、明るくもなく穏やかでもない。苦しみ悶える、まさに「涙の預言者」と言われるエレミヤの姿が浮かんできます。人々の救いを願って悶えるエレミヤのその姿は、私たちの心を打ちます。そうした悲しみや憂いには、不思議に人を引き付けるものがあります。

エレミヤの預言者活動は名君ヨシヤの時代はまだ良かったのですが、次のエホアハズが三か月で廃位し、エホヤキムが王位に就くと偶像礼拝が復活して宗教も政治も悪い時代に戻ってしまいます。当然エレミヤの警告は厳しいものになっていき、これに対する当局の迫害はひどく、彼は足かせにつながれてしまいました。彼の活動の中で最も厳しい攻撃を受けたのは、同胞が敵国バビロンと戦っているときに、バビロンに降伏するように勧告したことです。これはだれからも理解されないだけでなく、彼は売国奴として扱われ投獄されてしまいます。エルサレム崩壊後は釈放され、ユダヤの総督ゲダルヤの庇護の下で活動が許されるのですが、彼の生涯のイメージは、やはり悲しみと憂いに包まれた涙の預言者です。

以前、東京・上野の国立西洋美術館で開催されたレンブラント展を忘れることができません。代表作として「悲嘆にくれる預言者エレミヤ」が、看板にもチラシにも印刷されていました。作品はまさに悲嘆にくれる預言者そのものが表現されていて、レンブラントの想像力と再現力に圧倒されました。画面左上にはエルサレムの炎上とも思われる光景が描かれているのも印象的でした。そして不思議なことなのですが、その悲嘆にくれるエレミヤの姿に慰めを感じたのです。最悪とも思われる暗い歴史の中で、それを嘆き悲しんでいる人が存在しているというところから来る慰めと言っていいでしょうか。

それは後にイエス・キリストが、やがて訪れるエルサレムの滅亡を思い、「エルサレム、エルサレム」と嘆かれたこと、また十字架にかかるためエルサレムに入られるとき、「この都をご覧になったイエスは、都のために泣いて、言われた」という福音書の記事を思い起こさせるものでした。

エレミヤやイエスの涙する姿には明るさや穏やかさは見えませんが、神に背き滅び行く人々の運命を悲しみ、涙を流す預言者や救い主の存在そのものに深い慰めを感じるのです。これは私たちの人生の中にも起こることです。自分のために悲しんでくれる人の姿を見るとき、大きな慰めを感じます。悲しみや涙は不思議な力を持っています。その奥から、涙の向こうから愛と慰めが伝わってくるのです。

「ああ、祈りを聞いてください」

ネヘミヤ

ネヘミヤ記一〜六章

当たり前のことかもしれませんが、人が人に向ける注意や関心はその人によってみな違います。同じ本を読んでも、教えられたり感動したりする箇所がこうも違うものかと思うことがあります。それは人生の旅路の諸段階によっても異なります。若いころと今では違うように思います。

聖書の人物で言えば、私にとってはネヘミヤという人物がその一人です。彼はエルサレム（南王国ユダ）がバビロン帝国に滅ぼされたときの捕囚民ですが、そのバビロンがペルシアによって滅ぼされた後、クセルクセス王の献酌官（王の側近の一種）の地位にありました。彼はあるとき、故国ユダから来た人たちから、エルサレムの城壁は崩れたままで、人々も悲惨な状態にあることを聞いて泣き崩れます。「座り込んで泣き、数日の間嘆き悲しみ、断食

「ああ、祈りを聞いてください」

して天の神の前」で、「ああ、……このしもべの祈りを聞いてください」と嘆願するのです。ネヘミヤ記冒頭のこの祈りは、だれの心をもゆさぶります。過去を振り返ると、この祈りに心を捕らえられ、ネヘミヤと言えば「祈りの人」というのが私の第一印象でした。続いて出てくる「お聞きください。私たちの神よ」、「ああ、今、どうか私を力づけてください」などという祈りは、その印象をさらに強めました。

ところが、ある時期にネヘミヤの別のところに目が留まりました。それは王から城壁再建の許可をもらってエルサレムに帰国し、工事を始めてみると妨害者が現れ、混乱を起こそうと陰謀を企てた出来事です。そこで工事をする者たちは「片手で仕事をし、片手に投げ槍を握って」、なんと五十二日間で完成させてしまいます。彼は「神の御手」を信じて再建に着手するのですが、敵対者から自分を守りながら仕事をするというこの周到な仕事の仕方はスゴイと思ったことがあります。槍はともかく、仕事というものは途中で思いがけない事が発生することがあることを考えると、不測の事態に備えることが必要です。ネヘミヤの城壁再建の記事から、そんなことを考えさせられました。

ところが最近のことです。その仕事の仕方もさることながら、私はネヘミヤがクセルクセス王からユダの総督として任命されてから十二年間、「総督としての手当を受けなかった」と記されているところに心が捕らえられました。彼は「この民に重い労役がかかっていたので、総督としての手当を要求しなかった」というのです。記録によれば、前任の総督たちは民の負担を重くし、いばりちらしていたといいます。

一般的に考えて、労働の対価としてそれ相応の報酬を受けるのは当たり前のことですが、ネヘミヤは民が困窮しているのに受けるわけにはいかないという——まさに指導者の模範です。報酬を受けるか受けないかというよりも、そのような人生態度そのものに深い感動を覚えたのです。

さて、ネヘミヤの城壁再建の物語から心に留まったことをいくつか取り上げてみましたが、そこから発見できることは読み手のその時々の状況によって異なるということが分かりました。それが聖書の魅力でもあるのです。映画の話になりますが、若いころに「ベン・ハー」を見て、初めは奴隷船の苦闘や戦車競争を耐え抜くベン・ハーの姿に感動したが、後に見直してベン・ハーが重い病のため隔離された洞窟に住む母を捜し歩く姿に深く感動したと言われた方がいました。また、イエスの十字架から流れる血潮に胸打たれたという人もいます。

人は人のどこに感動し、何に心を捕らえられるか分かりません。これは特別な人だけではなく、ごく身近な人についても言えることです。どんな人の生涯にも学ぶべき人間の物語があって、私たちは、そこから人生の様々な時期に様々な事柄を学んでいくのではないでしょうか。ネヘミヤの城壁再建の物語を読み直しながら、そんなことを思い巡らしたのです。

「今日は、泣いてはならない」

エズラ

ネヘミヤ記 八章一～一二節

どんな人なのか知りたくても、その地位や業績からは人柄やパーソナリティーが分からない場合があります。普通はよほど身近な人でなければそうなのだろうと思います。しかし外に表れた行動や態度から、その人をより正確に理解できるというのも事実です。

聖書の人物で言えば、エズラがそんな感じの人のように思えてなりません。その業績は大きいのですが、人間性はあまり見えてこないだけでなく、見落としている部分もあります。しかし物語全体の文脈を大切にして丁寧に読んでみますと、その人間像が透けて見えてくるようなことがあります。

そのエズラですが、「ペルシアの王アルタクセルクセスの治世（前五世紀）に、セラヤの子エズラという人がいた」と紹介されて登場します。彼はかつてバビロンに捕らえられていたユダヤ人（捕囚民）の故国への帰還（第二回目）の際にパレスチナの指導者として任命を受けた祭司ですが、「律法に通じている学者」でもありました。しかも「律法を調べ、これを実行し、イスラエルで掟と定めを教えようと心を定めていた」と記されているように、神の教えを実践した人です。

当時イスラエルは捕囚から解放され、神殿も再建されていましたが、エズラが帰ってみると、悲しいことに結婚の掟は守られず、宗教的にも堕落していました。エズラはそのような民を悔い改めへと導いたのです。さらに注目すべきことは、後に城壁再建のため帰還したネヘミヤとともに行った、いわゆる「宗教改革」です。エズラは城壁再建の後、民を広場に集め、助手を使って律法の書を七日間にわたって早朝から真昼まで読んで説明した結果、彼らはそれを理解し、神への賛美、感謝、告白へと導かれました。そしてなんと、民は「律法のことばを聞いたときに、みな泣いていた」（九節）というのです。悔悛の涙です。

祭司エズラの行った律法の朗読と説き明かしの奉仕が人の心を打ち、涙を引き起こすほどのものであったことに感動を覚えます。心の琴線に触れたのです。聖書の話であれ講演であれ、読んで説明すれば人の心を打つとはかぎりません。ことばというものは知だけでは心や魂に届かず、それを語る人の態度が誠実で温かでなければ泣くという現象も起こりません。

エズラがどういう心の持ち主であったかはよく分かりませんが、民が泣いたとき、語ったエズラのことばから推し量ることができます。彼は「今日は、あなたがたの神、主にとって聖なる日である。悲しんではならない。泣いてはならない」、「行って、ごちそうを食べ……何も用意できなかった人には食べ物を贈りなさい」と言って民を喜ばせようとしたのです。ここに、この指導者の心が表れています。

聖書を読んでいる人は、エズラと言えばその業績から宗教改革を断行した厳しい指導者像をイメージするでしょう。ところが彼の行った律法の説き明かしが知性だけでなく感性にまで届くものであったこと、また彼が民の心を悲しみから喜びへ導こうとしたその姿に思いを寄せると、そこに豊かな人間性を備えたエズラの人柄が見えてきます。エズラと聞くと、どうしても大事業のゆえに、彼の温かさが覆われてしまいやすいのですが、彼は悲しみと喜びを理解する人であったのです。換言すれば、そういう人であったから、民を正しい方向へと導くことができたのではないでしょうか。

それにしても、こうした物語を思い巡らしていくと、普段の人間理解を修正しなくてはならないのではないかと思わされてしまいます。私たちは、つい人を突出している業績や行動のみから判断し、人の心を良きにつけ悪しきにつけ読み損なってしまうことが多々あるものです。エズラの物語を丁寧に読んでみてそんなことに気づかされたのです。

回復と希望を告げる

エゼキエル

エゼキエル書二四章一～二七節

その人とそれほど会ってはいないのに、価値観や生き方に親和感を感じ、関係が深まる場合がありますが、よく会っていながら、挨拶程度でそれ以上に発展しない場合もあります。しかし何かの契機でその人の人生の事情を知るに及び、両者の間の壁のようなものが崩れ、身近な人になることもあります。

聖書の人物に関しても似たようなことが言えます。私にとってエゼキエルという預言者は、イザヤやエレミヤに並ぶ三大預言者ともいえるほどの人物なのに、その生涯や預言者活動が私たちの感覚器官で理解しにくい「異象」や「幻」と言われる現象が伴っているためでしょうか、普段から聖書を読んでいても馴染みにくい人でした。しかし熟読・味読していくうちに、私たちの実存が触発されるような存在であることに気づいたのです。

エゼキエルは、イスラエルの南王国ユダがバビロン帝国の侵攻によって降伏した際に、多くの指導者や有能な技術者たちとともにバビロンに連行された、いわゆる「バビロン捕囚」における捕囚民のひとりでした。彼は本来ならば神殿に仕える祭司なのですが、遠く捕囚地にあって若くして預言者として活動することになりました。

その預言の内容は他の預言者にも見られるもので、イスラエルが罪を悔い改め、偶像礼拝を離れ、神に従わなければ国は滅びるであろうという警告です。しかし同時に、神はイスラエルをあわれみ祖国を回復してくださり、新しい神殿も建てられるであろうという回復と希望のメッセージも告げたのです。

さて、そのエゼキエル。どのような人物だったのでしょうか。立派な預言者で預言の内容も堂々としたものでしたが、情報量も少なく前述した通り馴染みにくさがあります。しかし丁寧に読むと、心に何か独特の印象を残す人物です。捕囚地で召し出されたことも特別なことですが、それより祭司から預言者への職務の変更（転職のような）をどんな感じで受け止めたのでしょうか。私たちの人生においても、使命というものは、突然向こう側から立ち現れてくるようなことだと、改めて考えさせてくれる出来事です。

彼の生涯における大きな衝撃のひとつは、使命遂行の真っただ中で「愛する者」（妻）を亡くしたことです。驚くことに神はこのとき、「嘆くな。泣くな。涙を流すな」と、周囲の者が理解に苦しむことを言ったのです。これは、イスラエルへのさばきは単なる嘆きや悲しみでは表せない、泣くことすらできない痛ましいもので、その審判が下される日が来ることを伝えようとする象徴的表現でした（前五八六年にエルサレム陥落）。しかしそうであるにしても、人間の自然感情を表せないということは非常につらいことであったに違いありません。

また預言者の任命を受けたときは、「激しい風が北からやって来た。それは大きな雲と、きらめき渡る火を伴い、その回りには輝きがあった。……その中に生きもののようなものが四つ現れ」などと、幻とはいえ特異な体験をしなくてはなりませんでした。その他、彼は普通には理解できない象徴的な行動を通してメッセージを伝えるよう次々に命じられたのです。

私たちはエゼキエルのような特異な体験ではないにしても、時として人から理解してもらえないような現実を生きねばならないことがあります。そこは孤独な世界です。「嘆くな。泣くな。涙を流すな」とまで言われなくても、もっと一般的な普通の人生であればよいのにと思うようなことがあるのではないでしょうか。しかし神は彼を通して希望のメッセージを語られたことを考えると、人から分からない人生の中にも隠された意味があるように思われ慰められます。エゼキエルは、そんなことを考えさせてくれる不思議な人物なのです。

悲しむ人よ、嘆かないでください

ラケル

創世記二九〜三五章

ラケルという名前を初めて聞いたのは、中学生のころでした。すでにクリスチャンであった母が旧約聖書の物語が好きで、ラケルの話も、特にあらたまった読み聞かせというのではなく、普段の生活の中でよく話してくれました。ラケルはイスラエル十二部族の祖となったヤコブが、十四年も待って結婚した女性という話を聞いて驚き、何がヤコブの心を捕らえたのか、ラケルという女性の持つ魅力というものに素朴ながら興味を抱いたことを覚えています。

さて、そのラケルですが、その名が最初に出てくるのは、ヤコブが兄エサウから長子の権利と祝福を奪ったことで怒りを買い、伯父のラバンのところ（ハラン）に逃れ住む物語の中。聖書は「ラケルは姿も美しく、顔だちも美しかった。ヤコブはラケルを愛していた」と記していますが、きっと「一目惚れ」でしょう。

このような愛もなかなかのもので、彼は彼女と結婚するため七年も働いたのですが、それが「ほんの数日のように思われた」というのです。しかしラバンは、妹が姉より先に嫁ぐならわしはないと欺き、姉のレアを与えた後、ラケルをも与えるのですが、さらに七年の労役を課したのです。

このように愛されたラケルはどんな女性だったのでしょうか。筆者の理解では、これは単に美貌であったからとは思えないのです。人はどれほど外見的に美しくても、滲み出るパーソナリティーに何らかの好ましさがなければ真の魅力は形成されないし、そもそも十四年も待てないのではないでしょうか。

では、ラケルは欠点や問題点がない人だったかといえばそうではなく、魅力的ではあったものの、普通の女性と言ってよいと思います。レアに子どもが生まれたときには嫉妬に憂き身をやつし、果ては夫に「私に子どもを下さい。でなければ、私は死にます」と無茶苦茶なことを要求して、「胎の実をおまえに宿らせないのは神なのだ」と叱責を受けているほどです。また後に父ラバンの物を盗んだことも記録されています。

さて、そのラケルも胎が開かれ、男児（ヨセフ）を産みます。しかしその後、ヤコブが妻と子どもたちを引き連れて、関係が悪化した伯父のもとを逃げ出して故郷に帰る途中、ラケルはベツレヘムで二人目の子（ベニヤミン）を産んで亡くなるのです。悲しい最期です。わが子を抱くことなく世を去らねばならなかった母のこと、生まれたけれど母がいなかった子のこと、その悲惨な光景を想像するだけで涙の出る痛々しい物語です。

振り返ればラケルは、ヤコブが十四年も待つほど愛されて結婚。しかし、子どもがなかなか生まれないということで嫉妬の感情に苦しみ、やっと一人与えられたものの、次の子を産んだ後、悲しみのうちに旅立って行った。これが彼女の人生に見られる愛と悲しみの物語です。

それがすべてというなら、ラケルの人生はなんとも悲しい。しかし、その子ヨセフは、やがてヤコブ一族を大飢饉から救う者となっていきました。またラケルの悲しみは、後に預言者エレミヤによって「ラマで聞こえる。嘆きとむせび泣きが。ラケルが泣いている。その子らのゆえに、慰めを拒んでいる」（エレミヤ書三一章一五節）と語られ、はるか後のキリスト誕生の出来事を預言するものとなりました。まさに、歴史に響きわたる神の計画を指し示すことばともなったのです。ラケルの悲しみには、神の隠された意味があったのです。

教会が幾世紀にもわたってうたってきたという詩に出合いました。「悲しみに目を曇らせたラケルよ。嘆かないでください。……いまわしい日々にも」と。私もそう言いたいのです。「悲しむ人よ、嘆かないでください」と。どの人の人生にも意味があるのですから。

死別の悲嘆を越えて

ナオミ

ルツ記一～四章

物語というものは結末が重要であったり、中心点が現在の喜びや問題の解決に置かれると、それまでの事がどんなに悲しい出来事であっても、簡単に書かれることになり、その内容は読者の意識にも上りにくくなります。

旧約聖書の「ルツ記」に登場するナオミの人生などは、そうした例の一つかもしれません。物語はナオミが夫エリメレクと二人の息子とともに飢饉に見舞われたベツレヘムを去って、モアブといういわば外国に移住するところから始まります。ところが、その地に移り住んで間もなく夫エリメレクは亡くなり、その後、息子たちはそれぞれ妻（オルパとルツ）を迎えるのですが、なんと不幸なことでしょう。息子たちも相次いで亡くなってしまうのです。

その後、飢饉が去ったことを知ったナオミはベツレヘムに帰ることにし、嫁たちには、それぞれ実家に戻り再婚するように勧めるのですが、彼女たちは泣いてこれを拒んだという。

しかし繰り返し説得した結果、オルパはこれを受け入れ帰って行きましたが、ルツの決心が固いのを知ったナオミは彼女を連れてベツレヘムに戻ることにしたのです。

失意のうちに帰郷したナオミの心は、驚きと好奇な目をもって迎える人々に「私をナオミ（喜び）と呼ばないで、マラ（苦しみ）と呼んでください」と言わなくてはならないほどの落胆ぶりでした。しかしその後、彼らの人生は一変します。はからずも亡き夫の親族のボアズという有力者の好意を得、ルツは彼の畑で落ち穂を拾うことになったのですが、彼女の働く姿はボアズの目に留まり、その立ち居振る舞いからも好印象を与えたのでしょう。やがてナオミの積極的な働きかけもあって、ルツはボアズと結婚して子どもにも恵まれ、ナオミも周囲から祝福のことばを受けるまでになり、もう「マラと呼んでください」と言わなくてもよくなったのです。

さて物語は後半、美しくも素晴らしい展開となり、ナオミは「その子（孫）を取り、胸に抱いて、養い育てた」（四章一六節）と記されていますが、これぞ幸せを絵に描いたような光景です。読者はまるで過去の悲しみが消去されたような感じにさえなります。

しかし、ここで考えてみたいことは、ナオミの夫や息子たちとの死別による悲嘆、また帰郷の際に「マラ（苦しみ）と呼んでください」と言わなくてはならないほどの挫折感は、どんなにつらいことだったろうと想像してみることです。死別の出来事や原因、また残された者の悲嘆感情などは何も記されていないだけに、文章からは悲しみが直接伝わってきませんが、彼女たちにとってみれば人生を否定したくなるようなつらい出来事の連続だったに違いありません。

とりわけ因果応報的な考え方が支配していた旧約聖書の時代であることを考えると、それらは深い絶望感を伴った体験だったと思います。それは人間性に影響を与えるほどのものとも言えます。物語の中心がそこにないだけに関心を持ちにくい部分ですが、このことを理解しないと、後の「喜び」の部分、まさに「ナオミ」を理解できないのではないでしょうか。

私たちの周囲には、死別や孤独を乗り越えてきた人たち、また悲しみの渦中にありながらも周囲の人たちのことを考え、それを表さないでいる人たちもいます。「マラ」から「ナオミ」に至るまでの、本人にしか分からない悲嘆の過程というものがあります。そのことを考えると、過去に大きな悲しみを味わった人たちに接するとき、今どんなに幸せな生活をしておられても、過去の悲しみや痛みを忘れないようにして接したいと思うのです。多くの場合、喜びというものは悲しみを通して与えられてくるのですから。

理不尽と不運の中で

不機嫌を直そうとする神

ヨナ

ヨナ書一〜四章

何度読んでみても、どこか不全感が残り、余韻がすっきりしない話があります。それは「ヨナの物語」です。この物語が伝えようとしているメッセージではなく、ヨナという預言者が残す印象になんとも言えない不全感があるのです。いったいこの人はどういう人なのか、という問いのようなものです。

ヨナは神から悪が蔓延《まんえん》するアッシリア帝国の都ニネベの民に悔い改めを語るように命じられるのですが、これを退けタルシシュ行きの船に乗ります。ところが船は嵐に遭い難破しそうになります。当然船内は大騒ぎ。乗客たちは、この災いはだれかのせいでこうなったと考え、くじを引いて原因となった人物を特定することになりました。結果はヨナに当たったのですが、彼は原因が自分にあることを知っており、潔く自分から「私を抱え上げて、海に投げ込みなさい」と解決策を提案したのです。

ヨナが海に投げ込まれると嵐は収まり、彼は神が備えられた大魚に飲み込まれ、その腹の中で三日三晩、悔い改めの祈りをささげました。「私のたましいが私のうちで衰え果てたとき、私は主を思い出しました……」と。これは暗黒の中、まさに限界状況での真摯な祈りです。ヨナは三日後に魚の口から吐き出され、今度は神の命令どおりニネベに悪の道から離れるよう警告をしたところ、人々は悔い改め、滅亡を免れたというのです。ところがヨナはこの結果に不満でした。敵国ニネベに対して神が憐れみ深い態度をとられたのを見て面白くなかったのです。彼はふてくされて「主よ、どうか今、私のいのちを取ってください。私は生きているより死んだほうがましです」と言って町の外に出てしまいます。

神はこの「不機嫌を直そう」と、一本の唐胡麻を生えさせ、暑さから守ろうとされたのですが、唐胡麻は虫に食われて枯れてしまいます。太陽が上ったとき、ヨナは暑さに耐えかね再び怒って、またしても「生きているより死んだほうがましだ」と言って不満をぶちまけます。神はこれに対して「あなたは、自分で労さず、育てもせず、一夜で生えて一夜で滅びたこの唐胡麻を惜しんでいる。ましてわたしは、この大きな都ニネベを惜しまないでいられるだろうか」と諭された、というのが物語の大筋です。

ヨナ書を読んで最初に受けるショックは、神の命令に逆らい、暗黒の中で悔い改めた後、宣教によって人々が悔い改めたというのにそれを喜べない預言者の姿です。神は唐胡麻の木をもって不機嫌を直そうとされたのですが、それが枯れると「死んだほうがましだ」と言う。これはいったい何なんでしょうか。あの闇の中での祈りはどこへ、と思ってしまいます。だれもがヨナの感情や行動の変化に戸惑うでしょう。

しかし、この物語を時間をかけ丁寧に読んでいくと、それこそ「これはいったい何なんでしょうか」という問いが自分に対して出てくるのです。ヨナという人物は特別ではないということに気づかされるのです。タルシシュへの逃走よろしく、こうすべきだと分かっていてもしないことがありますし、「海」の中で悔い改めても、「陸」に出ると状況次第で不満が出やすいものです。「死んだほうがましだ」という八つ当たり的なことばを発するかどうかは別として、自分の思ったように事が運ばなかったり、心身とも極限に追い込まれると、何を言うか分からないのが人間ではないでしょうか。

物語に不全感があり、すっきりしないと言いましたが、これは人ごとでなく私たちの人生の物語そのものではないでしょうか。すっきりしないのはこちらなのです。それにしても思わず感動するのは、神がヨナの不機嫌を直そうと、唐胡麻を生えさせるなど、ヨナをなだめようとされたことです。神が不完全な人間を相手に人間味のあふれるやり取りをされることに神の愛を垣間見るのは私だけでしょうか。きっとだれもがそう感じられるのでは、と思います。

不当な扱いに腹を立てても

ナアマン

列王記第二、五章一～一九節

聖書の中には、だれが読んでも筋も教訓も分かりやすい話があります。記憶にも残りやすく、人から聞いたりすると「ああ。あの話ね」と思わず口をついて出るような話です。しかし、実はそういう話こそ、「分かっている」などと簡単に言わないでじっくり読んでみたいのです。そんな話の一つが「ナアマン将軍」の物語です。これは謙遜の本質を考えさせてくれるような話です。

時代はイスラエルの分裂王国時代。ナアマンは北王国に遣わされた預言者エリシャ（前九世紀）の物語の中に登場してくる人物で、イスラエルの隣国アラム（シリア）の将軍でした。彼はその働きの故に「主君に重んじられ、尊敬されていた」のですが、ツァラアト（重い皮膚病）に冒されていました。ところが運よくと言うべきか、彼の妻に仕えていたイエラエル人の少女がサマリア（北王国首都）で様々な奇跡を行っている預言者エリシャのことを知っており、「きっとその方が、ご主人様のツァラアトを治してくださるでしょう」と言ってエリシャのところに行くことを勧めたのです。

ナアマンは早速、王の許可を得てエリシャのところに赴きますが、エリシャは使いをやって「ヨルダン川へ行って七回あなたの身を洗いなさい。そうすれば、あなたのからだは元どおりになって、きよくなります」と告げたのです。

ナアマンはこの対応に対して「何ということだ。私は、彼がきっと出て来て立ち、彼の神、主の名を呼んで、この患部の上で手を動かし、ツァラアトに冒されたこの者を治してくれると思っていた」と怒りを発します。つまり将軍である自分に対する扱いがぞんざいだ、川だってヨルダン川より自分の国の川のほうが立派な川だというのです。

しかし、部下が王の怒りをなだめるかのように、エリシャはただ「身を洗ってきよくなりなさい」と言っただけで特段難しい話ではないと説明すると、ナアマンは納得し、エリシャの指示どおりヨルダン川に七回身を浸しました。すると病は癒やされ、体は元どおりになったのです。そしてナアマンはこの出来事を通して、まことの神の存在を信じたのです。

この物語を通して改めて考えさせられたことは、人は自分が分相応に扱われなかったり、礼を欠くような対応をされると、腹を立て不快な感情を表してしまうことがあるということです。人間関係のトラブルの原因は煎じ詰めれば、自分が大切にされているかどうかというところにあります。ことにナアマンのように人の上に立つ者は、それに見合っただけの対応や処遇を受けて当然だと思ってしまう傾向にあり、とても面倒です。そのような人は、ナアマンのように相手が「出てきて」当然という考えを持ちやすいのです。このナアマンの問題は、私たち罪深い人間にとって普遍的なもので、日々の生活の中で立ち止まって考えなくてはならない、人格の成長をめぐる永遠の課題のように思えてなりません。

しかしこれを考えると、ナアマンの態度変更は驚くべきものです。彼は部下の言うことに耳を傾け、自分の間違った考えを即刻改め、ヨルダン川に向かったのです。換言すれば謙遜になれたということです。これはなかなか難しいことであって、「主君に重んじられ、尊敬されていた」ナアマンとて最初からそうなれたわけではないのです。しかしひとりの人間が、しかもそうなりにくい立場の人間がそうなれたという事実に希望があります。もしそれが正しいこと、なすべきことなら、相手がだれであれ耳を傾け、一歩踏み出して「ヨルダン川」に行きたいものです。もしこの一歩が実現したならば、自らの人生も家族も属する共同体も、大きく変容するのではないでしょうか。

苦難の意味は問わなくていい

ヨブ

ヨブ記 四二章一～六節

普段大過なく過ごしているときには他人事のように読んでしまうか、あるいは問題が深刻すぎて読めないような物語が、旧約聖書にある「ヨブ記」です。そうは言っても人生の旅路は平坦ではありませんから、いつかは自分の実存をかけて読ませられるようなことになるのが、そのヨブ記です。

物語はヨブが「この人は誠実で直ぐな心を持ち、神を恐れて悪から遠ざかっていた」、「東の人々の中で一番の有力者であった」との紹介から始まりますが、精神的にも物質的にも非常に恵まれていたわけです。ところがです。そのヨブが財産を奪われ、妻を除き家族全員を失い、加えて自らの肉体が悪性の腫物に侵されるという厳しい試練を受けることになったのです。

彼は最初、信仰的に立派な態度をとっていましたが、苦悩が深まっていったのでしょう。驚くべきことばがヨブの口から飛び出してきたのです。「私が生まれた日は滅びうせよ。……なぜ私は、胎内で死ななかったのか」と生まれた日を呪うようなことばを吐いたのです。これは神を呪ったのではありませんが、自分の存在否定という、いわば苦悩の極致です。

こうした苦しみの中で、駆けつけた友人たちとの対論・論争が始まり、それが三十四章にも及ぶわけですが、友人たちは一貫して、神は正しい人を祝福し悪い人に災いを与える方である、従って苦難に直面しているヨブは神の前に正しくないというのです。

しかしヨブは苦難の原因は必ずしも罪にあるとは限らない、現実に「地は悪しき者の手に委ねられ」て栄えているではないか、と単純な因果応報論の矛盾をつき、論争を続けるのですが、やがて論争は打ち切られ、ヨブは神の語りかけを聞くことになります。が、それは苦難の理由や意味の解明ではなかったのです。神は「知識もなく言い分を述べて、摂理を暗くするこの者はだれか」（三八章二節）と問いかけ、自然界を支配するご自身を示されます。

ヨブはこれに対して「あなたは言われます。『知識もなしに摂理をおおい隠す者はだれか』と。……しかし今、私の目があなたを見ました。それで、私は自分を蔑み、悔いています。ちりと灰の中で」（四二章三、五、六節）と答えたのです。ここで注目したいことは、ヨブは神の語りかけを聞いたとき、苦難の理由が分からなくても、最善をなされる全能の神に絶対の信頼をもってひれ伏したということです。これこそが試練についての究極的な到達点だったのです。

苦難に遭遇するとき、それ自体も苦しいことですが、最もつらいことは、その意味や理由が分からず「なぜ、どうして」と問い続けなくてはならないことです。このことを考えるとヨブの視点の転換は驚くべきことです。次はヨブ記についてのあるドイツの神学者のことばです。「神の語りかけは、無理にでも苦難の意味を問う問いに答えようとすることを拒否する」。つまりヨブ記は「苦難の意味を問う問いに答えなければならないという強迫観念」からの解放をもたらしてくれるということなのです。

私たちはあまりに苦しいと、人や神を恨みたくなります。しかしそのようにしても何も得られないことが分かると、何か意味を見いだせないものかと捜し求めるのです。苦難の意味化です。しかし自分で意味を見いだすことは難しく、分かってもそれが正しいかどうか分かりません。このような心の葛藤や苦悩、それこそ意味化の強迫観念から自由になるには、行き着くところ、ヨブのように「私の目があなたを見る」ことではないでしょうか。

ヨブは試練の後、再び健康と家族と財産を与えられ祝福された生涯を送りましたが、特筆すべきことは、彼は自分を責め立てた友人たちのために祈ったというのです。いずれにしてもヨブ記は物凄く奥深い物語です。

やり場のない悲嘆

ヨブの妻

ヨブ記 一章一～二章一〇節

この人はどうしてこんなことを言うのだろうか、そのことばの真意はどこにあるのか、言外のメッセージは何だろうかと思わされることがあります。とりわけ心に深い傷を負った人と接していると、そう思うことがしばしばです。ヨブ記に登場する「ヨブの妻」の発したことばなどは代表的な例で、少々分析的に見なくてはならないような気もします。そのことばについて考えるにあたって、まず夫ヨブの受けた試練について触れなくてはなりません。こういう話です。

ヨブは「誠実で直ぐな心を持ち、神を恐れて悪から遠ざかって」おり、「東の人々の中で一番の有力者」であり、その上、家族にも恵まれていたというのですが、全財産と妻を除く家族全員を失った上、自らの肉体も悪性の腫物に冒されるという厳しい試練を受けることになったのです。これは、すべてを失っても信仰を保てるかというサタンの策略と挑戦の物語です。

この試練に対するヨブの反応に驚かない人はいません。財産と家族が失われたとき、「私は裸で母の胎から出て来た。また裸でかしこに帰ろう。主は与え、主は取られる。主の御名はほむべきかな」と驚くべき信仰深い態度を示しました。

妻の登場はこのあとです。ヨブの肉体が冒され、土器のかけらで皮膚をかきむしらねばならないような状態になったときのことです。その悲惨な姿を見た妻は「あなたは、これでもなお、自分の誠実さを堅く保とうとしているのですか。神を呪って死になさい」と言ったというのです。こういうことばが苦楽をともにしてきた妻から出たのです。

これに対してヨブは、「私たちは幸いを神から受けるのだから、わざわいをも受けるべきではないか」と説得的に語るのですが、それにしてもなんと強烈なことばでしょうか。痛みと苦しみの中にあるヨブを刃で突き刺すような、かつ反神的なことばです。それゆえヨブの妻は、昔から悪魔の共犯者とか手先と言われてもきました。確かにことばをそのまま読めば、そう言いたくなるでしょう。

しかし、そのような酷評を理解しつつも、一方においてシェバ人やカルデア人の来襲、天からの火（落雷か）、また大風によって家も家畜も使用人も、さらに息子も娘もみな失い、夫も恐ろしい病で苦しんでいる状態を目の前にした妻は、どんな精神状態だったのだろうかと考えてしまいます。

これは心理学的に言えば、強烈な悲嘆反応の伴う「対象喪失」であって、これほどのものを一気に失えば精神的打撃は大きく、怒りと不当感を抱くのは普通のことであり、やり場のない感情を周囲にぶつけても不思議ではありません。ヨブの妻は夫を助け平和な家庭を営んできたわけですから、この衝撃は気が変になってしまうほどのものと考えなくてはなりません。

そうしたことから、ヨブの妻を同情的・好意的に見る人たちもいます。ヨブの死を願う動機には、耐え難い苦しみ・痛みを早く終わらせたいという思いがある。そこには死だけが残された唯一の救いではないかと言わんばかりの煩悶《はんもん》があるというわけです。有名な画家デューラーなどは想像力を駆使して、ヨブの苦しみを和らげようと妻がヨブに水を注いでいる絵を描いているほどです。妻の真心が表現したかったのでしょうか。

しかし、これらはみな一つの見方であって、ヨブの妻についての詳細は分かりませんし、激しいことばの真意やそれを発した動機も分かりません。ですから推測を深めることには慎重でなくてはなりません。ただあるメッセージは伝わってきます。強烈な喪失体験から来る悲嘆反応を理解しなくてはならないこと、しかし同時に、言ってはいけないことばがあるということも確かです。「死になさい」ということばの深層心理が分かる人は多くはなく、いても無傷で受けとめられるものではありません。ヨブの妻のことばは、人生には越えてはならないことばと行為があることに気づかせてくれるのではないでしょうか。

光と闇が交錯する手探り

サラ

創世記 一二～二二章

「あの人のこと、どう思う?」などと人のことを聞き回るのは、あまり品のいいことではありませんが、こと聖書に登場する人物となると、そのように聞いてみたくなる人がいます。創世記に出てくるサラという女性はその一人。実際に聞いてみると、「しっかりした感じの女性」、「美しいため気の毒だった」、「けっこう不信仰な面も」、「力強い信仰を持った女性」などと、そのイメージは一様ではありません。

サラの物語は、「信仰の人」と称されるアブラハムが妻として彼女をめとったところから始まりますが、丁寧に読んでみると、苦労というよりもなんとストレスの多い生涯なのだろうと同情してしまいます。「わたしが示す地へ行きなさい」と夫にかけられた神の声に従っての旅立ちとはいえ、六十五歳にもなってから住み慣れたカルデヤのウルの地を出て、カランン、カナン、ネゲブ、エジプト、そして再度カナンという落ち着かない生涯を送っています。

サラは、アブラハムがあちこちで直面した試練や問題を妻としてともに負ったのですが、彼女固有の問題も出てきます。その一つは飢饉のためエジプトへ逃れたときのことです。アブラハムは、妻が「見目麗しい」のでエジプト人が自分を邪魔にして殺すかもしれないから妹だと言ってほしいと頼んだのです。案の定、彼女はエジプト人の目に留まり、宮廷に召し入れられてしまいます。大事に至らず難を逃れることができましたが、ほかでも同種の事件が発生しているのです（二〇章）。美しさが併せ持つ危うさというものを考えてしまいます。

アブラハム夫婦にとって最も深刻な課題は、なかなか子どもが与えられなかったことです。繰り返し「子孫」が祝福されるということばを聞いているのですが、信じられなかったのです。この世継ぎをめぐる問題の中で最も際立った出来事は、サラが神の約束を信じられず、エジプト人の女奴隷ハガルを内妻として夫に与え、子孫を残そうとしたことです。こうした手段は当時の社会ではよくあったにせよ、「あなた自身から生まれ出てくる者」が後継者になるという神の約束を考えると、信仰による行動ではありませんでした。

この決定はやっかいな問題を引き起こしました。ハガルが妊娠すると彼女は女主人サラを見下げるようになり、それがきっかけでサラがハガルをいじめるようになったこと。やがてサラにも待望の男の子イサクが与えられ、問題は解決したかに見えたのですが、新しい問題が発生。それはハガルの子がイサクをからかっているのが分かり、事は思わぬ事態へと発展し、ハガルとその子は追い出されることになったのです。このようにアブラハム家の家族問題はなんとも悲しい物語ですが、サラの人生には私たちの知らない信仰による歩みがあったことは確かです。それはサラの百二十七年の生涯について「信仰によって、……約束してくださった方を真実な方と考えた」（ヘブル人への手紙一一章一一節）と記されていることから分かります。また夫にも従順であったことが記されています。

さて、サラの物語にも見るように、人生の光と影の連鎖のすべてが表に出ているわけではありませんから、個々の出来事がどう繋《つな》がっていくのかを見る目が必要なのです。P・トゥルニエが、こんなことを言っています。「人は手探りで前進していくのです。その間、ほのかな光と闇とがいつも互いに交錯しています。時には従順に、しかしまたずいぶん多くの過ちを経て、そののち振り返って見たときはじめて、自分という個人の人生に生起した数々の出来事が意味を持つようになります。それからやがて、自分をこんなふうに呼び出し、自分から何物かを期待しているのは実は神だったのだ……ということに気づくようになります」（『人生の四季』）と。

サラだけでなく、人生は「ほのかな光と闇とがいつも互いに交錯」している中を手探りで前進していくようなものです。しかし態度や歩み方次第で「何物かを期待しているのは実は神だったのだ」ということに気づくのではないでしょうか。

愛されることは他者への贈り物

イサク

創世記 二一～二四章

いくらかでも聖書を読んだことのある人なら、イサクその人について詳しく知らなくても、その名を知っている人は多いと思います。名前に関心のある人なら、「イサク」はあのアイザック・ニュートンのアイザック（英語）であることも。

ところでそのイサク。ヘブル民族の偉大な父祖アブラハムの子なのですが、父アブラハムが「信仰の父」と仰がれるほどの偉大な人のせいでしょうか、また息子ヤコブもイスラエル十二部族の祖と言われる大人物だからでしょうか。なんとなく大きな双壁の谷間に挟まっている感じがして、仰ぎ見るような際立ったイメージはありません。

ところが、なぜか彼に親和感を抱く人が多いのです。またその名前は著名人だけでなく英語圏ではポピュラーなのです。なぜイサクは慕われるのでしょうか。これは考察する価値のあるテーマです。父や息子のような大きな、また厄介な試練を乗り越えた信仰体験はなく、人生の有為転変に対する強固な精神力も、それほど感じられないのですが、なぜか親しみを覚え、多くの人がその名をつけたくなるような人物なのです。

理由はいろいろ考えられるのですが、彼には平和な印象があるからではないかと思います。例えば、彼がペリシテのゲラルという所に住んでいたとき、イサクが神の祝福を受けて富み栄えていくのを嫉妬したペリシテ人が、父アブラハムの代からの井戸に土を入れて使えなくし、その地の王アビメレクが「われわれのところから出て行ってほしい。われわれより、はるかに強くなったから」と言うと、イサクは争わず他の地に移り住み、新しく井戸を掘ったという。そこに水が出ると、羊飼いたちがやってきて、「この水はわれわれのものだ」と主張すると、これまた移動し、別の井戸を次々と掘って争わなかったというのです。これは普通に考えるなら腹を立て争いが起こるような話です。

そうした中でなおもイサクが神の祝福を受けていく様子を見て、恐れを抱いたのでしょうか。アビメレクは将軍らを引き連れて、「私たちに害を加えない」ようにと、言わば平和条約の締結を求めてきたのです。イサクはそれを受け入れ、彼らのために宴会を催し、「平和のうちに」送り出したのです。

これを読んでつくづく思わされることは、イサクは「愛されて育てられてきた人」だということです。その典型とも言えます。イサクは両親のアブラハムとサラが待ちに待ってやっと与えられた高齢出産の子ということもあって、大事に育てられてきたと言っていいでしょう。愛されてきた人の対人感情は優しく温和です。従って争いを好みません。「井戸の物語」にそれがよく表れています。さかのぼれば「結婚の物語」も穏やかなものであり、子どもが二十年も与えられなくても祈って待ち、当時としては珍しいことですが、手を打ち世継ぎのためそばめをめとることもなかったのです。

といっても、家庭に何の問題もなかったわけではありません。人間的な弱さが露呈したような出来事もあり、ことに晩年には息子たちの長子の特権をめぐる抗争に巻き込まれるなど、すべてがスムーズにいったわけではありません。

しかし、そうした中にあっても、全体として平和で穏やかな一生であったという印象を残す大きな理由は、その生涯において繰り返し語られた神の祝福の約束を信じ続けたこと、また人生早期に両親の愛に満たされて安定した自我形成がなされ、人に対する信頼感を身に付けていったからではないかと思います。彼の生涯を思い巡らしていますと、愛されるということは、周囲に対してなんとすばらしい「贈り物」をすることになるのだろうというメッセージが伝わってくるのです。

運命の波に翻弄されない

リベカ

創世記二四〜二五章

人生には、このまま行けばたぶんこうなるのではないかと思えるような場合もありますが、予想を覆すようなこともあります。イサクの妻リベカの人生は、そんなことを考えさせてくれます。彼女が最初に登場するのは、族長アブラハムの息子イサクの嫁探しに、しもべ（エリエゼル）が赴いたアラム・ナハライムにおいてです。しもべがその地に着くと、ちょうど女たちが水汲みに来ており、そこでリベカに出会います。彼女はしもべとらくだにも水を飲ませたのですが、しもべはそれが事前に神に祈り求めていたしるしと一致したのを見て、そこに神の導きを確信し、リベカの父ベトエルに会いに行きます。彼はリベカを「主人の息子に迎えるために」礼儀を尽くして頼み、その同意を得たのです。

ところで、リベカその人について、物語を少し丁寧に見ていくと、しもべが「水を飲ませてください」と言ったとき、「どうぞ、お飲みください。ご主人様……あなたのらくだにも水を飲ませましょう」と、かいがいしくもてなす親切な態度に惚《ほ》れぼれします。結婚話がまとまり、いよいよ家を出て行く段になったとき、父ベトエルがリベカを呼び出し、「この人と一緒に行くか」と聞くと、彼女は「はい。行きます」と素直に答えています。さらにイサクが彼女を迎える辺りの記録は、絵に描いたような幸せな物語となっています。読者はみなリベカの美しくも従順な人柄や立ち居振る舞いに理想の女性像・結婚のモデルを見るのではないでしょうか。

ところが人生は単純にいかないもの。リベカは結婚して二十年後、ふたごを出産したのですが、彼らが成人となったとき、性格や生活の仕方の違いからでしょうか、イサクは「狩人、野の人」となった長男エサウを愛し、リベカは「穏やかな人」で家仕事をしていたヤコブを愛したというのです。明らかに偏愛が見られます。こうしたことは珍しいことではありませんが、問題はヤコブが長子の特権を奸計《かんけい》をもって奪い取ってしまったことです。加えてイサクが年老いて、長男エサウを祝福しようとしたとき、リベカの策略により祝福はヤコブが受けることになってしまい、怒ったエサウはヤコブを怨み、時が来たら殺そうとまで考えます。これを知ったリベカは、ヤコブを彼女の兄ラバンのところに逃がしたのです。

いったい、どうしたというのでしょうか。彼女の妊娠時に「兄が弟に仕える」ことになることを告げられていたのですが、その約束を信じて待つことはできなかったのでしょうか。

だれからも愛されるような魅力的な人柄と親切心に富んだ行動力を備えたリベカが、どうして偏愛し、策略を企てる人になってしまったのでしょうか。そこを考えたいのです。

推論の域を出ませんが、愛が成立する条件の一つは「近接性」。リベカとヤコブは常に一緒にいましたから、エサウを憎むことがなくてもヤコブにより愛情を注ぐことになったと思います。こうなると愛は偏ります。もう一つ考えられることは、彼女のてきぱきした良い性格が裏目に出てしまったのではないかということです。神の計画の成就が待てず、無意識のうちに先走って小細工をしてしまったことも考えられます。この傾向はヤコブにも見られるもので、その「類似性」がこの母子を密着させ、愛に偏りをもたらしたのかもしれません。

それにしても、人の一生は単純ではなく奥深いもの。親子であれ他人であれ、そこに現れ出る人や環境次第で人生は変化してしまうことがあるということです。リベカの結婚物語が、偏愛と策略の物語に発展することはだれも予想しなかったことでしょう。しかしただ一つはっきり言えることは、神を信じていく限り、人生は運命の波に翻弄されて生きるのではなく、神の摂理の物語を生きることになるということです。事実、偏愛の対象となったヤコブの子たちはヘブル部族の祖となり、やがてその子孫からイエス・キリストがこの歴史に登場することになるのです。実に人生は変化に富み、奥深いものです。

妬みに巻き込まれても

ダニエル

ダニエル書 六章一～二八節ほか

子どものころを思い出してみると、なぜか英雄伝とか偉人伝に感動し、自分がそのようにはなれなくても模範やモデルとして惹《ひ》かれたものです。今回取り上げるダニエルも、子どものための日曜学校（教会学校）などに通っているうちに、いつかは聞かされる信仰の偉人です。

そのダニエルですが、彼は新バビロニア帝国のネブカドネツァル王によってエルサレムが陥落したとき（前六〇五年のバビロン捕囚）、まだ少年ではありましたが、他の三人とともにバビロンに連れて行かれ、そこで教育されることになったのです。これは当時のバビロン宮廷のとった人材育成方法の一環でした。

聖書は彼らについて「容姿は良く、あらゆる知恵に秀で、知識に通じ、洞察力に富み、王の宮廷に仕えるにふさわしく、また、カルデア人の文学とことばとを教えるにふさわしい少年たちであった」（一章四節）と記していますが、ダニエルはそうした資質を備えていた上に、「幻と夢を解くことができた」というのです。彼はあるとき、この天与の能力を用いてネブカドネツァル王の見た「巨大な像」の夢を解き明かしました。それはバビロン帝国とそれに続いて台頭する王国の出現を預言するものでした。こうしたことから彼は王に信任され、「バビロン全州」の統治権を与えられたのです。

ところが王がメディア人ダレイオスに変わったとき、事件が起こりました。新しい王もダニエルが優れた人物であると認め、全国を統治させようとしたのですが、それを妬んだ「大臣や大守たち」は殺害計画を画策し、「今から三十日間、王よ、いかなる神にでも人にでも、あなた以外に祈願する者は、だれでも獅子の穴に投げ込まれる」との進言をして禁令を出させたのです。そうした中でも日に三度神に祈りをささげているのを通報されたダニエルは、獅子の洞窟に投げ入れられてしまったのです。

王はそれがダニエルであったことを知って救おうとしたのですが、いったん発令したものは王であっても撤回できないことになっていましたので刑は執行。しかし神は獅子の口をふさいでダニエルを守られ、彼は無傷で生還したのです。その後、彼はペルシャ帝国のキュロス王にも仕え、都合六十年あまりも異国の地でユダヤ人として信仰を守り抜き、なおかつ帝国の要職に就くという特殊な任務を果たしたのでした。

さて、ダニエルは異国の厳しい環境下にあっても、信仰を守り通したという点で大きな励ましを受けるのですが、人間の問題として考えさせられるのは嫉妬についてです。能力があれば人から喜ばれるのか、人格的に立派であれば非難を受けないのかといえば、そうはいかないというのが人間の現実。「あらゆる知恵に秀で、知識に通じ、洞察力に富み、王の宮廷に仕えるにふさわしい人であっても、妬みの対象になり得るということです。

嫉妬が厄介なのは、同じような身分や立場の間で生じやすいということです。ダニエルもダレイオス臣下の「大臣や大守たち」の嫉妬の対象になりました。これは高位高官の間でなくても、どのレベルでも発生し得るものですから、人ごとではありません。人は妬んだり妬まれたりして生きているのです。

カール・ヒルティが『眠られぬ夜のために』の中で述べています。「人生の途上でたびたび出会う最も不愉快なものの一つは、嫉妬である。これは耐えしのぶよりほかない」、「ねたみと虚栄心とは、いかなる代価を払っても、ぜひ根絶しなければならない。しかしこのことはただ、神の恵みのゆたかな助けによってのみなしうるのである」と。自分が妬まなくても妬まれる。それこそ日に三度祈る生活をしていても、この人間的な問題に巻き込まれることがある。しかしそうした否定的現実を媒介として次のステップに進み、また乗り越えていけるというのも信仰の世界の現実であることを、この物語から学ぶことができるのではないでしょうか。

最悪の事態から第二の人生へ

バテ・シェバ

サムエル記第二、一一〜一二章

知らない人が読んだら、聖書の中にどうしてこんなスキャンダラスな話があるのだろう、と思うような記録があります。イスラエル人から偉大な王として仰がれているダビデ王の引き起こした「バテ・シェバ事件」といわれる物語です。今の世であれば、マスコミが一斉に騒ぎ立てること間違いなしです。

話はまるで通俗小説のように、「年が改まり、王たちが出陣する時期になった。ダビデは、……ある夕暮れ時」から始まりますが、このころダビデ王国は日の出の勢いがあり、王が陣頭指揮を執らなくてよいほどになっていました。

さて、その夕暮れ時、ダビデは王宮の屋上から美しい女性（バテ・シェバ）が体を洗っているのを見て後宮に召し入れ、部下（ウリヤ）の妻であることを知りながら関係を持ったのです。姦通です。

ほどなくバテ・シェバから妊娠の知らせを受けると、夫を戦地から家に帰らせて不倫を隠蔽しようと画策するのですが、それが失敗するとウリヤを激戦地に送り込み戦死させるという卑劣な手段で、バテ・シェバを自分の妻にしたのです。自分を見失った専制君主の常軌を逸した行動です。

ダビデはこの後、預言者ナタンにその罪を激しく指摘されると、良心が覚醒し、即刻悔い改めるのですが、その行為による報いを免れることはできず、バテ・シェバの子は死んでしまいました。その後、彼女はダビデ王の後継者となるソロモンを生みますが、ダビデ家は家族病理ともいうべき様々な問題に見舞われることになりました。

さて、バテ・シェバについて考えてみたいのですが、この事件に関して彼女が何を考え、どんな思いを抱いていたのか、その辺りの消息については何も記されていません。そのため彼女についてははっきりした論じ方はできず、多くの場合、主観的な感想のような話になってしまうのです。

ある人たちは、ダビデが欲望に負け、大罪を犯したことは確かなことであるにしても、バテ・シェバの行為は、あまりにも無防備で罪の発生を誘発したわけだから、彼女にも大いに問題があると言います。美しい人の持つ無意識というより、時としてやや意識的に容貌などを誇示しようとする振るまいではないか、と考える人があるかもしれません。

しかし、そう断定できる証拠はなく、王の突然の召し抱えの意図も分からず、またその絶対的な権力に逆らえず、状況的にも落ち着いた倫理的判断などはできなかったのかもしれません。これまた想像の域を出ませんが、おそらく彼女は、そんなことになるとは予想していなかったとも考えられます。不幸にして不測の事態に見舞われたということです。

さてバテ・シェバの深層心理はよく分からないにしても、ひとつはっきりした事実は、美しさゆえにダビデの欲望に巻き込まれ、普通の家庭を失うという悲惨な人生を歩むことになったのですが、彼女には息子ソロモンの母として一生懸命生きたという証しがあります。またダビデの晩年に第四子アドニヤが反逆して王になろうとしたとき、預言者ナタンと協力してソロモンが王に即位できるようダビデにとりなし、安定した王国建設のため力を発揮したのです。

もう少しバテ・シェバの心情を察して言うならば、この事件について語る場合、画家たちが描いてきたあの誘惑の場面だけに焦点を当てるのではなく、運命とも不運とも言えるような事態を、おそらく亡くした夫や子に対する罪責感情を抱きながら乗り越えていったであろう一人の女性の人生全体に目を留めたいのです。とりわけ、神が第二の人生に踏み出したバテ・シェバを用いていかれたところに。神の計画はなんと不思議なことでしょうか。このバテ・シェバとダビデの家系から、やがて人類の救い主、イエス・キリストが誕生するのです。

不運な現実でも変えられる

アビガイル

サムエル記第一、二五章一～四四節

ごく単純に考えて、人生は不公平だと感じることがあります。中でも親や生育環境などは選ぶことはできませんから、不公平感を持っている人も多いのではないでしょうか。では結婚に望みを置くことができるかというと、今では自己選択できますが、昔はそうは簡単にいかず、不運な結婚というものも少なくなかったと思います。聖書にも、これぞ最悪の運命とも思えるような話が出てきます。アビガイルという女性の結婚です。

彼女の結婚について多くの人たちが、最も「不釣り合いな夫婦」と評してきましたが、私は単なる不釣り合いというよりも、選択できない運命の哀《かな》しさのようなものを感じてきました。彼女は「賢明で姿が美しかった」が、夫のナバルは裕福ではあったものの「頑迷で行状が悪かった」というのです。当時（紀元前千年ごろ）のことですから、富が絡んで無理矢理嫁がされたのでしょうか。一種の政略結婚か略奪結婚のようなものだったかもしれません。

彼女をめぐる物語は、ダビデが相次ぐサウル王の追撃から逃れ、六百人の部下とともにパランの荒野に身を潜めていたところから始まります。ダビデはナバルがその近くで羊の毛を刈っているのを聞き、十人の使者を遣わして、「何かあなたの手もとにある物を」と助けを求めたのです。これは、そのころダビデたちがナバルの羊を「夜も昼も…防壁となって」外敵から守るために働いていたことに対する、当時の社会では常識的な見返りとして、ただ食料を求めただけのことでした。しかも、その態度は極めて丁寧かつ謙虚なものでした。

ところが、ナバルはこれを退け、「ダビデとは何者だ。エッサイの子とは何者だ。このごろは、主人のところから脱走する家来が多くなっている」などと侮辱的な態度で口汚く罵り、使者を追い返したのです。これに激怒したダビデが、四百人の兵をもってナバルに報復しようとしたちょうどそのとき、それを知ったアビガイルは即座に食料をろばに積み、夫の非礼を謝罪するためダビデのところに赴いたのです。

彼女はダビデに会うやいなや、顔を伏せて地面にひれ伏し、「ご主人様。あの責めは私にあります。……今、はしためが、ご主人様に持って参りましたこの贈り物を、ご主人様につき従う若者たちにお与えください。どうか、はしための背きをお赦しください」と詫びるのです。ダビデの怒りは、このとりなしによって収まり、アビガイルが事態を流血惨事に至らせなかったことで、彼女をほめたたえたのでした。

アビガイルがどんな女性であったかは、「賢明」に尽きますが、彼女から学べることの一つは、選択できない運命としかいいようのない状況（アビガイルにとってはナバル）を引き受け、その現実に見切りをつけないで、今を精いっぱい生きることの大切さです。「過去と人は変えられないが、現在と自分は変えられる」ということばがありますが、人生は今自分がどう生きるかにかかっているのです。別の見方をすると、どうにもならない状況に置かれても、V・フランクルが言うように「人生に何を期待できるか」を問うのでなく、「人生が何を期待しているか」を問う観点の転回が必要です。今、何をするのがいいのか、何を期待されているのかを問い、そこでできる最善を決断して生きること、こういう人生態度が運命というものに対決する生き方ではないかと思うのです。

物語が中断しましたが、アビガイルが帰宅すると、ナバルは宴会の最中で酔いつぶれていました。そこで翌日報告すると、彼は気をうしない十日ほどで亡くなってしまいました。やがて彼女はダビデの妻となったのですが、人生はどう転回するか分からない。私たちがなし得ることは、理解に苦しむような不運に見舞われても、今を誠実に、聡明な判断を持って生きることではないでしょうか。

自分らしい役割とは

戦う女に見る隠れた母性

デボラ

士師記 四〜五章

偏見なのか好き嫌いなのか分かりませんが、牧師として長い間話をしていても、連続説教や聖書研究会の学びなどは別として、わざわざ礼拝説教で取り上げることのなかった人物や物語というものがあります。その一人は士師記に登場する女預言者デボラです。物語が戦いに関する記録のみということに心理的な抵抗感があったからかもしれません。

そのデボラは、イスラエルが統一国家になる前に活動した「さばきつかさ」と呼ばれた指導者たちの一人ですが、男性中心社会であった時代のことを考えると、ひときわ強い印象を残す、凄い女性というのが私の第一印象です。インパクトが強すぎて引いてしまう人がいるかもしれません。

イスラエルが神から離れ、二十年もの間、カナンの王ヤビンの支配下にあって苦しめられていた時期に、デボラは登場します。彼女はなつめやしの木の下に座って人々の訴えをさばいていましたが、あるときイスラエルを救うため指導者のバラクを呼んで、戦車九百両を持つヤビンの将軍シセラと戦うよう指示しました。それは「彼をあなたの手に渡す」との勝利宣言の伴った命令でしたが、バラクは逡巡《しゅんじゅん》したのでしょうか、「もしあなたが私と一緒に行ってくださるなら、行きましょう。しかし、もしあなたが私と一緒に行ってくださらないなら、行きません」と同行を求めたのです。デボラは当然のように希望を受け入れますが、戦いの栄誉はバラクには与えられず、「主は女の手にシセラを売り渡される」ことになります。

戦いの結果は預言どおりでした。神が「シセラとそのすべての戦車とすべての陣営の者」を混乱させられた結果、シセラは戦車から飛び降りて逃亡しますが、ケニ人ヘベルの妻ヤエルの手によって悲劇的な死を遂げたのです。こうしてデボラはヤビンとの戦いに打ち勝ってカナンを平定した後、イスラエルはなんと四十年間も穏やかな時代を過ごすことになりました。デボラの業績です。

ところでこの物語を普通に読む限り、デボラはやはり男勝りの戦う女というイメージが濃く、なんとも近づき難い感じがします。ところが前述の「あなたが私と一緒に行ってくださるなら……」というバラクとデボラのやりとりを丁寧に読んでいくうちに、あることに気づかされたのです。それはバラクにあのように言わせるデボラの人格についてです。

バラクの態度は指導者に対する依存とも従順ともとれますが、それよりも、そのやりとりの中にバラクを信頼させる強くも温かな母性的な心をもつデボラが見えるのです。これは隠れた母性と言っていいでしょうか。ちなみに彼女はラピドテという人の妻であり、戦いの後に歌ったときには自分のことを「イスラエルに母として立った」と言っているほどです。こうしたことから考えると、男性にはない温かみを帯びた包容力のある指導者のイメージが浮かび上がってきます。「もしあなたが一緒に行ってくださるなら、行きましょう」と言わせる指導者。それがデボラなのです。彼女を「イスラエルのジャンヌ・ダルク」と評した人がいますが、はるかにそれを超えるリーダーでしょう。

人を見る場合、聖書の人物についても第一印象に左右されやすいのが私たち人間です。デボラについては女預言者、進軍、征服などということばが出てきますと、もうそれだけで全体像が見えなくなってしまいます。しかし物語の前後関係を立ち止まりながら丁寧に読んでいきますと、その人の実像に近づき印象が変わってくるのも事実です。

これは私たちの日常においても同じです。人の肩書や職業、また容姿や外から分かる性格などに左右され、人の心や人格を見誤らないようにしたいと思うのです。

敵をもてなす外交手腕

エリシャ

列王記第二、六章八〜二三節

旧約聖書には神のことばを預かり、それを人々に伝える任務を与えられた「預言者」と呼ばれる人々が登場します。彼らはその時代の人々の宗教的堕落や道徳的、倫理的腐敗などを鋭く指摘・警告しました。そのためでしょうか。「預言者」と聞くと、一般に厳しい印象がありまます。何か超越的で近寄りがたいものを感じる人が多いのではないでしょうか。

ところが、そうした預言者群の中で温和で親しみやすい印象を残している預言者がいます。イスラエルの分裂王国時代に活動したエリシャです。彼はエリヤの後継者として北王国で多くの王に仕え（前九世紀）、五十年以上にわたって活躍し、そのエピソードは十八にも及んでいます。奇跡物語が多いのも特徴ですが、そこに愛と憐れみが感じられ、思わず胸が熱くなるような読後感が残る物語がいくつも出てきます。

そんな物語のひとつ、アラムの王がイスラエルと戦っていたときの話です。エリシャはしばしばイスラエルの王に助言を与え、アラムの戦略を阻止したため、アラムの王は怒ってエリシャを捕らえようと大軍を送って町を包囲したのです。このとき、神は助けを求めたエリシャの祈りに応え、敵軍の目をくらまされたのです。エリシャは彼らをサマリア（イスラエル領内）に連れて行き、再び祈ると彼らの目が開かれたのですが、もうそこは身動きできない所です。

世の通例から考えて、この後の話が普通ではないのです。イスラエルの王がエリシャに、捕らえた敵軍を「打ち殺しましょうか」と同意を求めると、エリシャは反対し、「パンと水を与え、食べたり飲んだりさせて、彼らの主君のもとに行かせなさい」（二二節）、と王に助言したのです。そこで王は彼らに「盛大なもてなし」をして、アラムの主君のもとに帰したのです。それからというものは、「アラムの略奪隊は、二度とイスラエルの地に侵入しなかった」というのです。もちろん、その後の歴史は良いことばかりではなかったのですが、少なくともこの出来事は、そうした中でだれの心にも温かくも美しい物語として記憶されるのではないかと思います。

これは、ある意味でエリシャという人の人柄がにじみ出たエピソードとはいえ、戦争が絶えない時代の中での話ですから驚きです。ある聖書の注解者は「エリヤを暴風雨や地震とすれば、エリシャはかすかな細い声であった。エリヤは火打ち石のようで、エリシャは温和で丁寧で外交的であった。エリヤはらくだの毛衣を着た野の人で、エリシャは町に住み、常人の衣を着け、人と付き合い、ユーモアのある社交家であった」と評していますが、確かにそんな感じのする面白い比較だと思います。こうした違いは預言者として置かれた時代環境の相違にもよりますが、生来のパーソナリティーの違いを反映しているものではないかと思います。

しかし、そのような比較の問題はともかく、エリシャの物語は新約聖書に出てくるイエスやパウロのことばを思い起こさせてくれます。「あなたがたの敵を愛しなさい。あなたがたを憎む者たちに善を行いなさい」（ルカの福音書六章二七節）、「もしあなたの敵が飢えているなら食べさせ、渇いているなら飲ませよ」（ローマ人への手紙一二章二〇節）。実はこうしたメッセージこそが、個人であれ共同体であれ、対立関係と言われるものの究極的な解決の手段なのです。

驚きは、こうしたアプローチが旧約聖書の中に見られることです。加えて深く考えさせられることは、神はある歴史の中で、ある人の個性や人間性を用いて普遍的なメッセージを語られるということです。ともあれ、対立する相手に「盛大なもてなし」をすることができたらどんなに素晴らしいことでしょう。

「独りでいる」ことのできる自由

ノア

創世記六〜九章

話というものは、最初の部分が最も記憶に残るものらしく、聖書を例にとれば「ノアの物語」はその代表例の一つと言ってよいでしょうか。「さて、人が大地の面に増え始め……主は、地上に人の悪が増大し、その心に図ることがみな、いつも悪に傾くのをご覧になった。それで主は、地上に人を造ったことを悔やみ、心を痛められた」（六章一〜六節）という書き出しは、人間の罪と悪の現実を指摘した強い印象を残すことばです。

続いて聖書は、神がこの「悪が増大し」、暴虐に満ちた世界をぬぐい去ろうと、ノアに箱舟の建造を命じたことを記しています。箱舟の長さは一三五メートルということですから、これは日本丸のような大型客船なみの大きさ。神はこの箱舟に「正しい人」であったノアと三人の息子とその妻たち四人（計八人）、それにきよい動物七つがいずつ（その他は一つがいずつ）を入れた後、四十日四十夜に及ぶ雨を降らせ、大洪水をもって堕落した世を滅ぼされたと書かれています。水は百五十日たって引きはじめ、箱舟はアララテ山に漂着したというのですが、物語はここで終わらず、聖書はノアたちが箱舟を出た後、セム、ハム、ヤペテの三人の息子が、それぞれ民族の祖となり、そこから様々な語族が次々と生まれ出ていった系譜をかなり細かく載せています。

さて、物語というものは読者が何に関心を持つかで、そこから学ぶものも聞こえてくるものも異なりますが、多くはノアという人物とその物語が放つメッセージのようなものに心引かれるのではないでしょうか。たとえば箱舟建造に関して次々と告げられる神の指示に対して「すべて神が命じられたとおりにし」たという、ノアの黙々と仕事をやり続ける粘り強い心と信仰の姿などに圧倒される人はかなり多いと思います。

しかし一方において、神の命令とはいえ、あの巨大な箱舟の建造とそれに伴う困難、わけても十分想像できる周囲の人々の嘲笑などを長期間にわたってどのように耐えていったのだろうと、その大変さを想像する人もいるでしょう。またノアは人々に「義を宣べ伝えた」（ペテロの手紙第二、二章五節）にもかかわらず、だれも聞き従わなかったという現実に強い敗北感を覚えたのではないかとも考えてしまいます。見捨てられたような意識に襲われたのではないかと。

しかし他方において、悪しき世界に与《くみ》せず神とともに歩んだノアの心の中には、そう生きた者でしか理解できないような平和な世界もあったのではないかと想像することもできます。それは孤独な世界ではなく、神とともに「独りでいる」（ソリチュード）ことのできる自由で豊かな世界です。周囲から理解されずとも箱舟の建造に邁進《まいしん》できたのは、「独り」でいることができたからではないでしょうか。そこに静謐《せいひつ》さえ感じ取る人もいるかもしれません。もしかしたらこの時代、ノアのような大事業を成し遂げることは適わなくても、世間の評価や声などを気にせず、自分に真実に、何よりも「独りでいる」ことのできる世界に関心を持っている人が意外に多いのかもしれません。

話をノアの状況と並べて論じられませんが、フランスの修道院の生活を記録した映画「大いなる沈黙へ」は、そうした傾向の表れと見ることができなくもありません。そこは世から隔絶された一見孤独な世界のように見えますが、内実は神とともに独りでいることのできる世界。もちろん箱舟と修道院では環境も目的も違いますが、大衆迎合的でも孤立でもなく、神とともにある豊かな世界であるという点では共通したものを感じます。その意味で一見「例外者」のようなノアの存在とその生き方は、現代社会への警鐘であるだけでなく、精神的に行き詰まった現代人が意識の陰のようなところで心ひそかに求めている世界を外に引き出してくれるのではないでしょうか。

愛に伴う責任を果たす

ボアズ

ルツ記一〜四章

この人のことは知っていると思っても、ときどき本当によく分かっているのだろうか、と振り返ったり問い直したりすることが必要ではないかと思います。そのままにしておくと観念は固定し、相手の実像を捕らえそこない、心も読み違えたままになっていることがあるからです。

私にとってルツ記に出てくるボアズという人は、ルツという申し分のないような女性を妻に迎え、幸せな家庭を築いた賢く素晴らしい男性だったというところ止まりでした。ところが最近ふとしたことから、この人はどのような人だったのだろうと改めて考えさせられたのです。

物語はベツレヘムに住むエリメレクという人が妻のナオミと二人の息子とともに飢饉に見舞われたその地を去り、モアブという外国に移住するところから始まります。ところがその地に住んで間もなくナオミは夫エリメレクを亡くし、息子たちも妻（ルツとオルパ）を迎えますが、その息子たちも死んでしまうという相次ぐ不幸に見舞われます。

飢饉が去った後、ナオミはベツレヘムに帰る途次、嫁たちに故郷に戻って再婚するように説得すると、オルパはこれを受け入れますが、ルツは「お母様が行かれるところに私も行きます」と言って帰ろうとしないため、彼女を連れて行くことにしたのです。その帰還は驚きと好奇の目をもって迎える故郷の人々に「私をナオミ（快い）と呼ばないで、マラ（苦しみ）と呼んでください」と言わなくてはならないほどのつらいものでした。

幸いナオミとルツは、はからずも亡き夫の親族のボアズという有力者の好意を得、ルツは彼の畑で落ち穂を拾うことになりました。彼女の働く姿はボアズの目に留まり、その立ち居振る舞いからも好印象を与えたのでした。彼はルツを特別にもてなし、落ち穂についても若者たちにわざと穂を抜き落としておくように指示するほどでした。これは普通の好意を超えた対人行動です。

これを知ったナオミはそこに神の導きのあることを確信して、ルツにかなり手の込んだプロポーズの方法を教えるのです。それは夜ボアズの寝る場所に行って求婚するという、その時代の方法とはいえ、驚くほど積極的な指導でした。ボアズはルツの求婚を受け入れますが、その態度は極めて冷静であり、欲望に押し流されることはありませんでした。

それどころか彼はルツと結婚するため、当時の律法（レビ記二五章）に従ってエリメレクの相続地を親族（「買い戻しの権利」を持つ親族）として買い取り、未亡人となったナオミをも養う義務を負う決定をしたのです。それはまた、子が生まれても死んだ夫の名を継がせなくてはならないなど、権利と言っても、義務こそあれ何か得をするというようなものではなかったのです。

この結婚物語を読んで改めて感動したことは、ボアズという人はルツに好意と愛情を抱いたからといって、富や権力にまかせて横暴な態度を取るようなことはせず、どこまでも誠実で紳士的であったということです。また買い戻しの権利を行使するということは相当の義務や責任を伴うことなのですが、ルツを想う故にそれを負ったということです。それは当然のように見えますが、実はボアズが決定する前に買い戻しの権利のある親類が断ったほどです。ボアズは単に幸運な出会いによって幸福な家庭を手に入れた人ではなく、愛に伴う責任や義務を果たした人だったのです。

私たちは人をその表層からのみ見て固定した判断を持ちやすいものです。幸福そうな人を見て運のいい人だと考えたりするときなど、少し立ち止まって外に現れていない人生の事情があるかもしれないと考えたいのです。

現代に問いかける友情の物語

ダビデとヨナタン

サムエル記第一、一八章一～五節

旧約聖書には、これぞ人間関係のモデルとでも言うべき話がいくつも出てきます。それらの中の一つは「ダビテとヨナタン」の友情物語です。それがあまりに美しい話のためか、何の根拠もない否定的な心理分析をする人がいるほどです。関係の動機や灰色の部分を探そうというようなことです。

ダビデはイスラエル王国初代の王であったサウルが神への不従順のため王位から退けられた後、二代目の王となった人物ですが、物語はそのダビデが宮廷に召し抱えられたころの話です。彼は王が心を病み苦しんでいたとき、その心を慰めるために竪琴の奏者として呼び出されたのですが、やがて兵士として実績をあげ民衆の支持も受け、頭角を現すようになります。

話はそのダビデがイエラエルを悩ましていたペリシテ軍との戦いに勝利したときのことで

す。サウル王の息子であるヨナタンは、王に呼び出されて話しているダビデを見て、特別な親近感を覚えたのでしょうか。心が捕らえられたのです。聖書はそのときのことを「ヨナタンの心はダビデの心に結びついた。ヨナタンは、自分自身のようにダビデを愛した」(一節)と記しています。そのとき、「ヨナタンは着ていた上着を脱いで、それをダビデに与え、自分のよろいかぶと、さらに剣、弓、帯までも彼に与えた」ということですから、その敬愛ぶりは驚くべきものです。この友情はその後も一貫して変わらず、父であるサウル王が、国民的支持を受け英雄となっていくダビデを妬んで殺害しようとしたときもダビデを支え、逃亡を助けるほどです。それどころか、ダビデこそが王位を継承すべきだと言っているのです。

一方このヨナタンの友情に応えたダビデの愛は驚くべき内容に達しているのです。それはヨナタンが戦死したとき、その訃報を聞いて作った哀歌に表れています。「あなたのために私はいたく悲しむ。私の兄弟ヨナタンよ。あなたは私を大いに喜び楽しませ、あなたの愛は、私にとって女の愛にもまさって、すばらしかった」(サムエル記第二、一章二六節)と。これは本能的な自己愛に傾きやすい男女の愛を超えた、誠実さを土台とした友愛の持つ素晴らしさを歌ったものです。

ところで、ダビデとヨナタンの友情は、どのようにして生じたのでしょうか。聖書に直接その説明はなく結論しか書かれていませんが、注意深く読んでいくと少しその理由が分かってきます。実は二人には神への信頼の仕方に共通点が見られるのです。彼らがペリシテ軍と戦ったとき、ヨナタンは強力な勢力を前にして「多くの人によっても、少しの人によっても、主がお救いになるのを妨げるものは何もない」と神を信頼し、一方ダビデはと言えば、ペリシテ軍の巨人ゴリヤテとの対戦において、「剣や槍がなくても、主が救いをもたらすことを知るだろう」と言って石一つで立ち向かったのです。

これが二人の類似点でした。ヨナタンはダビデの中にそれを見たのではないでしょうか。友情というものは、相手の心の中に生き方や考え方の共通点・類似点が見られるとき、自然に発生してくるように思うのです。C・S・ルイスによれば、友情の始まるときの典型的な表現は「何ですって。あなたもですって。私だけだと思っていましたのに」(『四つの愛』)だというのです。

現代は浅いレベルの友は多くても、心の深い所から「あなたもですって」と言い合える関係が成立しにくい時代です。ダビデとヨナタンの物語は三千年近くも前の話ですが、現代人に友情の素晴らしさとその可能性を問いかけているのではないでしょうか。もとより友情と言えども不完全なもの。しかし友情は神の「愛を学ぶ学校」(フーストン)でもあることを付言しておきたいと思います。

率直に警告する影の主役

モルデカイ

エステル記一〜一〇章

どんな組織でも団体でもよく機能しているところは、トップに立つ主役だけでなく側近に素晴らしい脇役がいるものです。家庭なら内助の功と言われる配偶者の存在です。聖書に登場する人物についてもそれが言えます。あの偉大なモーセやダビデの生涯を見ても、彼らを傍らで支える脇役がいました。

こうしたことを考えると、ペルシア帝国のクセルクセス王（前五世紀）の妃となったエステルを養女として育てた、いとこのモルデカイを思い出してしまいます。彼は王の妃選びの際に、エステルをコンテストに応募させたところ、「彼女はどの娘たちよりも王の好意と寵愛を受け」て王妃に選ばれ、後宮に入ったのです。その際、彼女はモルデカイの助言に従ってユダヤ人（捕囚民）であることを伏せていました。

ところがそのころ、王に重用され出世したハマンという家臣に対して、モルデカイは他の役人たちのように膝をかがめてひれ伏さなかったということでハマンの怒りを買いました。その怒りによって、モルデカイに対してだけでなく、ユダヤ人全体の殺害計画が企てられることになったのです。彼は狡猾《こうかつ》な方法で王の許可を取ってユダヤ人根絶の命令を公布します。

これを知ったモルデカイはエステルに人を送り、命令の撤回について王に直訴してほしいと頼んだのですが、これは簡単ではなく、王妃といえど王から召し出されないで行けば処刑されるということでした。こうした事情を伝えると、モルデカイは間髪入れず、「あなたは、すべてのユダヤ人から離れて王宮にいるので助かるだろう、と考えてはいけない」と、警告に近いことばを発しています。これを受けたエステルは「法令に背くことですが、私は王のところへ参ります。私は、死ななければならないのでしたら死にます」とユダヤ人絶滅計画阻止に挑んだのです。その結果、ハマンの策略は暴露され、モルデカイを処刑するために作った木に自分がかけられることになり、ユダヤ人殺害命令はエステルのとりなしによって取り消されることになったのです。

ところでこのエステル物語。書名にあるようにエステルが主人公で、あの有名な「法令に背くことですが……死ななければならないのでしたら死にます」という毅然たる態度は素晴らしい。直訴に備えて三日三晩「断食します」と語ったことばにも、周りを奮い立たせるものがあります。その他、この書には随所にエステルの力強く勇気に満ちた言動が登場します。

確かにエステルはその地位が用いられ、ユダヤ人絶滅の危機を救ったことは事実です。しかしこれは、モルデカイの親代わりの養育やアドバイスなどがなければ起こり得ないことでした。彼女の後宮入りなども、うがった見方をすればモルデカイが策略家のように見えるかもしれませんが、その言動を丁寧に見れば、そうではないことが分かります。彼はハマンと妥協せず、神以外のものにひれ伏さないといういのちがけの行動を取っています。世で言う策士の多くは戦国武将によく見られるように、自分が危なくなればどう転ぶか分からないところがありますが、その点、モルデカイは違いました。

またエステルはモルデカイから王への直訴を求められたとき、「私はこの三十日間、まだ王のところへ行くようにと召されていません」とやや逡巡したのでしょうか。この後「ユダヤ人から離れて王宮にいるので助かるだろう、と考えてはいけない」と言われた後で、「法令に背くことですが、私は王のところへ参ります」と言っています。これと比べるとモルデカイは最初からひるむことなく、その言動はいのちがけでした。

このモルデカイのような人は単なる脇役ではなく、影の主役と言える人です。聖書の事例だけでなく人生を振り返ると、多くはなくても、よい組織や集団にはそのような人の存在があったのではないでしょうか。一見影のように見えて、実はなくてはならない光として存在する人が。

自分を「値引き」しないで

シュネムの女

列王記第二、四章八〜三七節

聖書に出てくる女性の物語を読んでいて、ふと気づいたこと。それは、あそこにもここにも同じような生き方をしている人がいるということです。だれかに献身的に仕える、またそうでなくても人のために自分にできることを一生懸命している人です。新約聖書では、ベタニアのマルタとマリアやドルカスといった人たち。旧約聖書では、一般には馴染みのない人物かもしれませんが、「シュネムの女」と呼ばれている女性がその一人です。

彼女の名は突然、預言者エリシャ（前九世紀）の活動記録の中に出てきます。「ある日、エリシャがシュネムを通りかかると、そこに一人の裕福な女がいて、彼を食事に引き止めた。それ以来、エリシャはそこを通るたびに、そこに寄って食事をするようになった」と、物語はもてなしから始まります。彼女はエリシャを「神の聖なる方」と見て取り、夫と相談して彼のために小さな部屋を作り、そこに寝台と机と椅子と燭台を備えたというのです。

エリシャはこの恩に報いるべく、「あなたに何をしたらよいか」としもべを通して尋ねると、自分たちは「幸せに暮らしているから」と何も求めませんでした。ところが、このやり取りの中で彼らには子どもがいないことが分かり、エリシャが「来年の今ごろ、あなたは男の子を抱くようになる」と予告しますと、果たして次の年、エリシャのことばどおり男の子が生まれました。けれども悲しいことに、その子は大きくなって、ある日突然、病気で死んでしまいます。彼女は早速エリシャの所に赴いて助けを求めると、彼は子どもの上に身を伏せ、生き返らせたというのです。エリシャの奇跡物語の一つです。

さて、話をシュネムの女その人に戻しましょう。彼女は裕福であるものの名も分からない人ですが、読者の心に深い印象を残すのはなぜでしょうか。それは彼女が極めて自然に、かつ当然であるかのごとく旅人をもてなす姿に心が打たれるからではないでしょうか。裕福である故にできたのかもしれませんが、注目したいのは、彼女がシュネムを通りかかるエリシャをよく観察し、この預言者のためにできることを創意工夫よろしく積極的に備えたことです。

彼女のもてなしについて見落としてはならない点は、その大きさではなく、いつもエリシャを見ていてその必要を感じ取って自分にできることを考えたことです。できれば私たちも、日ごろ繰り返し見ている世界の中で自分ができることを見つけ、一歩踏み出せたらと思うのです。こう言うと、現実は簡単ではなく「こんなことをしたって」、「私のできることなんてどうせ大したことはない」などと考えてしまう方もいるでしょう。精神分析の口語版と言われる交流分析では、本当は自分の中に役立つ情報や資源があるのに使わないままにしている在り方を「ディスカウント」（値引き）と言いますが、自分や人に与えられている能力を値引いてしまっていることが多いのではないでしょうか。

かつて、あるケアハウスに入っておられる方から「私は他の方々のように絵画も刺繍もピアノも何もできない。私なんて……」という悩み相談を受けたときのことです。丁寧に普段の生活をお聞きしていくうちに、この方が人の話を聞く能力のあることが分かり、「聞くことは、あなたの素晴らしい奉仕ですよ」と伝えました。やがて彼女は自分の中にある資源に気づき、特別養護老人ホームで傾聴の奉仕をするようになっていかれました。

だれもがシュネムの女のような種類のもてなしをしなくてもよいのです。大切なことは、自分を「値引き」しないで、「シュネムを通りかかる」人々を見ていることです。つまり日常的現実を注意深く見ているなら、そこから自分らしいもてなしの世界が開かれてくるのではないでしょうか。名も分からないシュネムの女の物語は、そんなことを考えさせてくれました。

人を助けるどころではなくても

ツァレファテの女

列王記第一、一七章一～二四節

聖書には不思議な感じのする物語が多くありますが、出だしからそんな感じの話の一つは預言者エリヤ（前九世紀）とツァレファテの女の物語です。エリヤと言えばイスラエルの邪悪な王アハブと戦った有名な預言者ということで知られていますが、最初の活動は干ばつ到来の預言でした。

この預言は成就し、エリヤ自身もケリテ川のほとりに一時的に身を隠しますが、川が涸《か》れると神は異邦人の地シドンのツァレファテに住むように命じられます。ここまでは普通に考えて分からない話ではありません。

不思議というのはこの後です。神はエリヤに「ひとりのやもめに命じて、あなたを養うようにしている」と言われるのですが、彼女は人を助けられる生活状態ではなく、エリヤがやって来て水とパンを求めたときも、「あなたの神、主は生きておられます……一握りの粉と壺の中にほんの少しの油があるだけ」と窮状を語るのでした。そしてそのとき、なんとそれを調理し「食べて死のう」としていたというのです。エリヤはどう考えても助けを受けられそうもないところへ送られたわけです。これはもう、神の不思議な意図としか言えません。

エリヤは彼女の哀れな事情を知ると、「恐れてはいけません」と励まし、自分と親子のパン菓子を作らせた後、干ばつが終わるまで「かめの粉は尽きず、その壺の油はなくならない」と約束し、事実そうなりました。神は死を待つばかりの哀れな親子を守られたのです。

しかしこの後、なんということでしょう。彼女の息子は病気で死んでしまいます。強烈なショックでした。それはエリヤへの詰め寄り方で分かります。彼女は「神の人よ。あなたはいったい私に何をしようとされるのですか。あなたは私の罪を思い起こさせ、私の息子を死なせるために来られたのですか」と訴えるのです。

これを受けたエリヤも、神に「彼女の息子を死なせるのですか」と訴えた後、その子の上に三度身を伏せて祈ると、子どもは生き返ったというのです。彼女はこの奇跡を目撃し、「今、私はあなたが神の人であり、あなたの口にある主のことばが真実であることを知りました」と信仰を告白しました。

さて、この物語。それこそ人間存在の不思議さというものを考えさせられます。それは食料が絶え、もう死を待つばかりと、ある意味で覚悟を決めていた彼女が、今度は息子の死に直面すると、「私の息子を死なせるために来られたのですか」とエリヤに食ってかかるような態度で詰め寄ります。食事して死ぬしかないと諦観していた彼女が、息子の死を見たときには、その死に納得がいかず、エリヤに抗議に近い態度を取るのです。「あなたはいったい私に何をしようとされるのですか」と。読者はここを読むと、彼女のイメージを描きにくくなるのではないでしょうか。

このようなケースとはやや異なりますが、普段「俺は、いつ死んだって、いのちは惜しくない」、「死んだほうがましだ」などと言っていながら、体調がちょっと思わしくないと、医者だ、薬だと心配する人がいます。しかし、それが人間なのだと思います。あるときある状況で諦めがついたり、超越できたように思えても、他の状況下に置かれたら耐えられないことがあります。そう考えるとツァレファテの女の突然の変化も理解でき、彼女に対して不思議な思いを持たなくてもよくなります。

不思議つながりで重要な論点を一つ。彼女は「死のうとしている」と言ったときも「あなたの神、主は生きておられます」と語り、「息子を死なせるために来られたのですか」と迫ったときも、「神の人よ」と言っていますが、その呼びかけの不思議な一貫性に、彼女の心に芽生えた信仰の世界を見るのです。

あとがき

本書は二〇一四年に出版された『弱さを抱えて歩む――聖書の世界に生きた人々』【新約編】に続く旧約編ですが、これも新約編と同様「クリスチャン新聞・福音版」に掲載された文章が元になっています。一部修正・加筆した箇所はありますが、ほとんど連載されたものと同じで、旧約聖書に登場する人たちの信仰と多様な人間像とその生涯に光を当てて記したものです。

前著『弱さを抱えて歩む』は幸い好評をいただき版を重ね、個人だけでなく、家庭礼拝また教会の聖書研究会の参考書などとしても使ってくださっているとの情報もあちこちからいただき嬉しく思っています。また同書はカトリック教会のある教区の書店の推薦書の一つに挙げられたこともあり感謝に堪えません。

最近では多くの方々から「旧約はいつ出るのですか」などという声も寄せられ、即答できずにいましたが、このたび、時が満ちようやく旧約編が出版の運びとなり、宿題がクリアできた感に似て感慨もひとしおです。

あとがき

この旧約編も新約編と同様、神を信じながらも人間性の弱さや罪深さの故に失敗や挫折を経験し、人生を歩んでいった人たちが、どのように神に繋がっていたのかを学んでみようという視点で綴りました。

特に旧約聖書に登場する人物の多くは赤裸々な人間性が外に現れ出ていて、それらが普遍性を持っているためか、はっとさせられることがあります。中にはドラマ性が著しく小説や映画になりそうな物語がいくつも出てきます。ちなみにモーセの生涯を描いた「十戒」やカインとアベルの物語を下敷きにした「エデンの東」などはよく知られた名作です。旧約聖書は物語の宝庫といってよいでしょう。

このたびの旧約編の書名は『谷陰を越えて歩む』といたしましたが、聖書の中のどの人物も日の当たる光の中だけを歩んだのではなく、光と陰、喜びと悲しみとが交錯する人間の世界を歩んでいったことに思いを寄せ、「谷陰を越えて」と表現しました。

本書には五五人の人物が取り上げられていますが、一環して言えることは、たとえ日の当たらない谷の陰を通されることがあっても、神に繋がっているならば、そこを意味あるところとし、人生の有為転変を乗り越えていけることを私たちに告げているということです。

本書についてもう一つ付言しておきたいことは、二〇〇九年に出版された『聖書のにんげん模様』で取り上げた人物と同じ人が出てくることについてです。

前書では著名な人物二四人の人生全体の物語が描かれていますが、この『谷陰を越えて歩む』では、その人たちの人生のある部分に焦点が当てられています。それぞれ独立した話題ですが、後書は前書を補う形となっています。お手にする機会がありましたら、併せてお読みいただけたら幸いです。

最後になりましたが、本書の出版に際して心を込めて編集の労を取ってくださったいのちのことば社の根田祥一氏に、またいつもながら推敲作業を手伝ってくれた妻・寛子に感謝するとともに、陰で応援し、祈ってくださった方々に心よりお礼を申し上げる次第です。

二〇二〇年七月

堀　肇

聖書 新改訳 2017© 2017 新日本聖書刊行会

谷陰を越えて歩む
――聖書の世界に生きた人々【旧約編】

2020年 11 月 1 日　発行

著　者　　堀　肇
印刷製本　シナノ印刷株式会社
発　行　　いのちのことば社
〒164-0001 東京都中野区中野2-1-5
電話 03-5341-6922（編集）
03-5341-6920（営業）
FAX03-5341-6921
e-mail:support@wlpm.or.jp
http://www.wlpm.or.jp/

© 堀　肇　2020　Printed in Japan
乱丁落丁はお取り替えします
ISBN 978-4-264-04187-0